作者＿ Judy 朱馥瑜

作自己才是最好的名牌

What may Judy Chu inspire you？

≈Judy 朱 的生活美學

Contents

PART ONE

推薦序／照顧好自己的心，才能有效掌握給予他人的印象

電視節目主持人、主播 靳秀麗

　　路人看到三個工人正分頭在砌一面牆，好奇問他們：「你在做什麼？」

　　第一個工人回答：「你沒有看到我在砌磚嗎？」

　　第二個工人回答：「我正在砌一面牆。」

　　第三個工人回答：「我在蓋一座可以通往天堂的教堂。」

　　態度決定了高度！Judy 不只為人造型設計，也是用服裝告訴對方活出真實的自己！以前認識的 Judy，認為她是一個喜歡美麗的事物、對美的事物具高敏感度的人，是天生就要吃這行飯的，僅限於此。但這一次因為我自己

正在學習心理學，我能敏感的發現 Judy 愈來愈貼近自己的內心，反映在她對個人形象上的觀點也更開闊、更多樣、更超越。例如她談到外型裝扮會向自己和他人發送訊息，所以她的結論是我們就應該要照顧好自己的心，才能有效掌握給予他人的印象。

又，Judy 對於「女為悅己者容」不以為然，我也很有共鳴，有時候男友一句話，就決定了我不能穿什麼衣服或只能穿哪一類型衣服，在生活中，我們也常會把父母等重要他人提出的「應該」、標準或價值未經消化或選擇的囫圇接收，不理會自己的需求，很多情緒困擾因此而生，同樣的，如果本人不愛的造型，硬是套上了，再美的華服也無法讓自己開心自在，我真心欣賞 Judy 觀察到這一點。

我滿心歡喜，恭喜 Judy 出新書！

過去 Judy 是以專業身分、全知的角度指導服務對象如何遮住不滿意的，展現特色，而這一次，讀者有機會與 Judy 真情相遇，並在書裡讀到更多的訊息——接納自己好的，不夠好的，愛回自己，自然散發不同的光采！

從他助轉為自助，此書幫助我們發現自身的亮點，僅透過簡單的造型設計，就足以讓它璀璨放光！ 投資少少，效益無限，本書的ＣＰ值超高的。

推薦序／自己的品牌使用說明書，自己寫！

寶島聯播網 總經理 賴靜嫻

認識 Judy 長達 17 年了，2004 年從台中來台北工作，總感覺到了自己的外表出現在不同場合的違和感，也常為場合服裝如何適得其所和長輩正式吃飯該穿什麼？接待重要來賓穿什麼？有盛大典禮穿什麼好？媒體採訪又該穿什麼？對於母親早逝，沒有姊妹，身旁圍繞著相信頭皮下東西比頭皮以上重要的男士們，Judy 的出現，解除了我輕忽外在的封印；在更衣間裡，在穿衣鏡前，她的專業建議和精準選擇帶領我找到適合自己的穿衣風格，破除我對外在轉變的執念和成見──

我問：「為什麼一件搭牛仔褲的白襯衫這麼貴？」

Judy 說：「白襯衫不只是白襯衫，衣服品牌、材質、版型、長度、肩線、袖長……和穿衣人的關係身形，都要考慮。」

　　我問：「我不到 155 公分，高跟鞋要愈高愈好？」

　　Judy 說：「依你的腿長度，穿 5 公分高度的鞋子最適合。」

　　我說：「很想念媽媽和阿嬤，想戴她們留下的首飾。」

　　Judy 說：「將母親留下的紅寶石戒子搭上喜氣場合的洋裝，項鍊變手鍊，阿嬤的珍珠項鍊混搭在各個場合中（含牛仔褲）。」

　　Judy 的熱情和創意，將內在的我和外在的我，做了精準也溫暖的連結，讓我體驗到原來外表的搭配不只是好看，也可以表達自己的心情，讓自己更像自己。 我們意見不同時（我對蕾絲和蝴蝶結過敏），她總會輕輕鬆鬆的說：「先穿穿看嘛，走一走，再走一走，好好的看著……」

　　看著穿衣鏡中是頑強的自己，在適合的衣服中一次次被溫柔勸進，開始嘗試新的顏色和

樣式。遇到 Judy 像是隧道盡頭的光射進來，讓我發現自己沉寂了 40 年的優點，不單單只是外在「變美」這麼簡單，連動的，心態，也柔軟多了。

讀 Judy 新書，訝異於她的改變，變得更能同理對方心情，也更謙卑的道出自己的軟肋之所在，例如那位因為先生的喜好，堅持留著不適合長髮的太太，Judy 再三說服後，陪她剪去長頭髮時，也同時發現了自身對髮型的執念也很深，自己髮型長度和樣式也是多年未變。

Judy 坦承，再專業的造型也有其極限性，無論把客戶外表搭得再好，也沒法將不適合的對象變成 Mr. Right，她還提到一個 152 公分小個子友人，因為被另一半視為女神般的認同與肯定，就連高跟鞋都不穿了，自在作自己，原來當女人發自內心的自信，可以跨越世俗的審美觀，成就個人的美學。

從一篇篇的 Judy 記錄著與美同行的故事中，她不再只是扮演身經百戰的專業造型師，堅定的美麗守門人。當發現服務對象莫名卡關時，她會默默觀察對方執念的源頭，接著是不

帶批判的從旁協助，提供更多選項和時間讓他們走出堅持，做出最好的選擇。

　　本書還有一大特色是 Judy 也細細剖析了自己的感情流轉如何影響飾物的搭配，造型師也是有情人，歲月淬鍊中，Judy 變得更溫潤有同理心，本書除了有時尚穿搭的個案分享，還有她如何陪伴案主們跨過心中形象的魔王關，開始多姿多彩的百搭人生。

　　這世界，對女性專用標籤創意十足，無論是用年齡作基底——少女、美少女、輕熟女、熟女、阿桑、歐巴桑；還是用外表來區隔——公主風、貴婦風、卡哇伊、小資女、美魔女；或是斜槓任搭配。有人選擇直接對號入座，也有人決定繞道而過。我，是後者。

　　謝謝 Judy 協助我超前部署，形象管理除了衣物穿搭，還要配合自己的生活模式、價值觀，訓練自己精簡採購，不須浪費時間和金錢。就在所有女性雜誌的年齡上限都放棄我們的時間點，身體的裡裡外外也誠實的忙著第二次的「轉大人」工程，我還是身心安頓的對自己做現況點交，告訴自己「安於現在」，就一直這

樣下去也很好喔！歲月是平權的，無論將要面
對的是戰場還是道場，認識 Judy 的 after，我
自己的品牌使用說明書，自己寫！

推薦序／其實你可以更美！

導演　徐進良

欣聞老友 Judy 朱馥瑜教授最新的著作《作自己才是最好的名牌 ≈ Judy 朱 的生活美學》即將出版，不勝雀躍。

Judy 是時尚界形象、造型的翹楚，擔任過無數的新聞主播、主持人、歌手、政商名流，以及大型文藝場合的整體造型師。

她曾說過，所謂的時尚，不是指隨波逐流穿著當季的流行服飾，而是如何穿搭和穿著的方式，那是自己如何看待自己，也就是對自我的態度。

她更在意的是，與其追求流行，不如好好培養氣質，同時要愛自己、肯定自己和尊重自己，讓自己成為一個獨一無二的人。

我從影超過 50 年，洞悉演員內裡潛在的特質，讓新人成為巨星，引領風潮，才能創造

雙贏。如《雲深不知處》氣質古典的胡茵夢、《拒絕聯考的小子》清新脫俗的彭雪芬等人一砲而紅；而《牽手出頭天》的陳美鳳則成為「台灣最美麗的歐巴桑」；但是我也有失手的案例。

1994 年的某個早上，我在中視攝影棚外的化妝區長廊，看著八點檔《牽手出頭天》陳美鳳、龍劭華等十幾位演員們化妝。

此時有一位小姐，從走廊遠方匆匆而來，帶著微笑，對我揮揮手。我雖然不認得她，也只好對她禮貌的微笑。她經過我後，又繼續走去。

我疑惑的問身邊的化妝師：「這個人是誰啊？」

化妝師回答：「導演，她是曾華倩啊！」

天啊！曾華倩是我們高價從香港聘來的女星，而且她已經同我們工作了兩個多月了。她演戲時都是已化好妝了，今天只是她沒化妝，我竟然看不出來。

其實，這些優秀的演員，在平時就和一般人一樣平凡，在舞台上經過導演的雕琢，他們則是絕對帶動潮流的偶像。

如果說導演是影視作品的魔法師，Judy 朱馥瑜教授則是人生的魔法師。她創造了許多台上台下的人物，透過她追求完美的個性，用最簡約的「包浩斯」形式，創造最高雅、尊貴、自信的外型。

極力推薦《作自己才是最好的名牌 ≈ Judy 朱 的生活美學》，它將為你注入生命的智慧，讓你活出自信，活出美麗！

推薦序╱在 Judy 的故事中

作家　吳鈞堯

　　我曾短暫任職綜藝節目編劇，當年的主持人仍活力四射、點子不斷，幾十年過去竟不顯老，很可能鎂光燈抗氧化，又或者站上舞台，一切都回來了，理想、熱情以及更早之前，他們在台下冀望的台上；善於召喚的人，能夠接連歲月兩端。

　　短暫影視時光，我倒是待得沒有顏色，不懂得變身融入、不知道堅持自己也能融入，進退維谷大約就這意思，以至於我懷念的歲月沒有一個還有聯繫的朋友，但慶幸留有可以說嘴的資本。比如曾經護衛蘇慧倫走過高雄市立文化中心長廊上舞台、緊攬劉德華穿過重重包圍的粉絲，到達已拆掉的北市體育館入口。我還目睹男神金城武「修煉」出關前，臨鏡甩帥的

做作模樣；如果是演講場合，我會追加一句，
「男神，更需要讀書。」

　　讀《作自己才是最好的名牌 ≈ Judy 朱 的
生活美學》讓我一頭栽進記憶。我記得藝人多
有經紀人隨行，大咖一點的有自己的化妝師，
而剛出道不久，怯生生的施文彬只能站一邊，
不敢多問、不敢走遠，直到喊他補妝。在冷氣
非常強的攝影棚中，我幾次凍得發抖，我雖是
編劇，但立場跟施文彬差不多，而且我是工作
人員，隨時有活要做。

　　行文至今，都在談回憶，因為 Judy 在這
一本嶄新呈現的美學小品文，帶領讀者進入一
般人仰望的事業時，沒忘記回顧自身，她的幽
默奶奶多次智慧出場，有情節、有適當發聲的
俚語。Judy 經歷小時候的逢遇，找到美女的「真
相」：微張嘴脣，如果兩顆門牙略顯，保證美
女無誤。我問過谷歌大神，調遣東西方幾名大
美女，果然不假，脣齒微張之際，竟與畫作以
及文學雷同，美女呀，將說而未說時，最美。

　　也看到 Judy 怎麼到倫敦求學，如何在紐
約的大雪夜，與男友相守一夜，而後發現那樣

的夜晚，爾後人生不會再有。關於時間、關於老去，〈時間的影子〉中，有人誇 Judy 一點都不老，Judy 母親停下手邊工作，要她去找以前的照片比對，就能知道真相是什麼，Judy 自嘲的舉驗證俄羅斯諺語，「鏡子加時間是一件很殘酷的事。」

在這樣一本談造型師生涯、歷練的書籍，最吸引我的是 Judy 本人的成長故事。諸多小事件讓我發現一個根本，造型師 Judy 為條件姣好、或有身材遺憾的主播、藝人、教師、醫生等設計造型時，她以「自己」為根本。「自己」是指，Judy 從小到大、從稚嫩到名家，她一切演進都有的初衷：自然純真、彰顯自我，希望人間更好的 Judy。

故而，人生故事與專業的結合，在我看來便是一切的美，都需要人本主義。

〈美滿僵局〉說的是「項鍊女」為了平衡下腹抽脂後的失衡，戴了好幾條項鍊，不露出來而掛在衣服裡，Judy 不單肩負造型，還要客串「張老師」，讓項鍊女不再受限於項鍊。〈頭髮的啟示〉Lady G 因老公的緣故，髮不能

短、不可以燙，但產下第三胎後骨架顯得壯碩，這時候可以透過燙髮讓頭、身比例協調。Lady G 終於應允點頭，打破燙髮禁忌更獲得良好效果。

Judy 用她的造型專業，讓美麗的男女更有型，但更多人是帶著「瑕疵」、「遺憾」、「症狀」，來找 Judy。《作自己才是最好的名牌 ≈ Judy 朱 的生活美學》是 Judy 的發現之旅，她負責幫人找竅門，調用一切知識與內在、外在條件，讓訪客活得更好、更美、更自在。Judy 的造型工作猶如人間行醫，察看身高、胖瘦、長相是問診，細品服飾、髮型與把脈雷同，然後跟中醫師一樣，開立藥方。於是，項鍊女掛好項鍊、Lady G 燙了頭髮，細碎故事為人生打底，說一個人、寫兩個人，一本書擱在桌上便是芸芸眾生。

醫者父母心，造型師亦如是。可貴的是 Judy 能夠一一析理。散去的蒲公英，已經無法回歸母體，Judy「化零為整」，走過的路、見過的人、經歷的事與愛，當它們接受召喚而回歸時，欣見 Judy 的生涯小總和，在我與他者

之間，以造型、以美學為前提，用故事體呼喚讀者，捏塑人物臉譜，難怪，我便一頭栽進回憶的鎂光燈。

　　當時的我，很可能在攝影棚與 Judy 擦身而過。那時候我誤以為，她是另一個國的人。

**你的自信來自於你的
個人魅力**

2018 年金鐘獎迷你劇集、
電視電影女主角　鍾瑤

　　我記得，我從小就是一個頗愛漂亮的女
生，天氣再冷，我都堅持要穿上吊帶洋裝加上
花邊襪和黑色亮皮皮鞋，那個晚上要和家人去
陽明山上泡溫泉，大概，只有 6 歲和 6 度低溫；
國中很愛省吃省喝，就是為了存到零用錢買一
件跟得上流行的恨天高；高中時有了自己的衣
櫃開始學習穿搭，還怕姊姊妹妹偷拿我的衣服
來穿於是在衣櫃上加裝了一個鎖；大學時，明
明車程要花上 1.5 小時，也堅持五點起床梳妝
打扮趕上八點那堂課；出了社會為了買到一個
仰慕已久的名牌包包，這個月的薪水就給它去
吧！

　　在實踐大學服裝設計的那四年 plus 延畢，

我花了五年學設計學時尚，學色彩學、中西洋服裝史、人體構造學、布花設計、金工設計、織品材料學、旗袍西裝洋裝婚紗打版、陳列設計、行銷，還要修造型學分、妝髮課程；算一算，不知道原來一個人的形象端出去給這個世界時，要做那麼多事，但……

為什麼要漂亮？

為什麼怕不漂亮？

原來美需要學分？

美的標準是什麼？

誰說了算？

嗯……不如坐下來聽聽前輩怎麼說：

「至於他看女人的品味，總有人品頭論足，認為他的女人整體看來總是老他好幾歲，充滿風塵味，風格不相稱，凡別人看不順眼的，卻是他心中的女神，誰也替代不了；但是沒人知道，在他還是小男孩時，曾在迷路的途中，遇到了一位女性上前搭救，那成熟女神般形象的出現，正是他所認知的女性魅力啊！這女人的風格便成為他這一生擇偶的主要條件，潛意識的那種。」

還記得那天一坐下來，Judy 老師便和我分享著說不完的人生故事，是的，老師是個充滿故事的人，當然，她的經歷，有說不完的故事也是應該的，那些時尚風格不是什麼重點，她的那些客戶想要的服務好像也不是她想說的，我突然明白：原來這一生當中，對於顏色的喜好、高矮長短的度量選擇、胖還是瘦的審美觀、鑑賞藝術品的價值觀、擇偶條件的好與壞……等等等，我們的選擇沒有標準，沒有對錯，不過都是一種人生成長記憶的絕對反射，記憶成為我們喜好的溫度，而且應該深信不疑。

　　在我離開老師的辦公室前，她用目測丈量我的尺寸，還以為她要職業病上身為我的穿著給出評價，然而她是告訴我：「儀態的重要，不是要為了刻意討好別人對我的看法，而是來自人的心理反射，你的自信來自於你的個人魅力，再多的裝飾也隱藏不住內在的自卑。」要不是辦公室冷氣太冷，我很肯定，剛剛我打得哆嗦絕對是一個讚嘆啊！

　　Judy 老師是一位，很酷的造型師，喔～不止，Judy 老師可是一位心靈學家，充滿觀察魅

力與人生經歷的魔法師。

　　她想說的，那些故事，都濃縮在她的手稿
和這本書了。

自序／「時尚」的根本是在發現自己

作者　Judy 朱馥瑜

　　從事造型設計近三十年，有些工作上的人、事、物歷歷在目，很想記錄下來，分享給願意閱讀我的書，以及想「作自己」的女性。

　　這期間出版了四本跟造型有關的專書，但我也常在想，有沒有可能在第五本書當中，把生命經驗、生活態度，結合對造型的審美觀，融合一本更有能量、更有情感、更具多種元素的小品文。

　　耳邊又響起作家好友多年前給我的鼓勵及建言：可以試著把造型專業與生活結合，寫成一篇篇文章。本業不是作家，寫作本就辛苦不易，何況要揉合造型專業、生命、生活、品味為文，更是難上加難。

　　2018 年 6 月開始提筆，一星期後完成

第一篇小品文〈女人的美麗與自信〉，2021
年 4 月 25 日完成最後一篇文章〈Never say
never〉。

　　這段期間，我不斷檢索過去的成長歲月，
比如：國、高中、英國求學，和當年剛踏入造
型業界，所面對的挫折和挑戰是什麼？我彷彿
在黑暗中把一個個隱隱發光的發光體摘下來，
放在面前展示，有時候那個光很微小，看不到，
但我接受它的召喚。我每接受一個召喚，就像
一個挑戰，因為我要思考如何把細小的聲音和
光，成為一篇文章，把思維透過文字具體呈現
出來，感動願意閱讀它的讀者。

　　書寫過程中，常有撞牆期，寫不下去，很
挫折，想哭，在家裡走來走去，很沮喪，有時
甚至想，不寫了，何須這麼辛苦為難自己，但
幾天後還是回到原點，接續完成。儘管這本書
只有 33 篇，對我來說，已竭盡全力，把極小
的聲音和光，作最大的展現。

　　《作自己才是最好的名牌 ≈Judy 朱 的生活
美學》一書，分為三個部分：第一個部分〈美，
誰說了算 How to define beauty？〉共 8 篇文章；

第二個部分〈時尚的靈魂與訣竅 The road to fashion〉共 12 篇；第三個部分〈魅力你與美麗我 Have you ever dreamed the best of you？〉共有 13 篇。

每篇小品文約 1200 ～ 2000 字，每篇故事的人物都是化名，職業也略為調整，但故事內容及情節都真實發生在我的生命與工作上，主人翁有的盲點、渴望與恐懼等徘徊我心靈，我跟它們長期相處、也練習珍重道別。不是杜撰。讀我的文章，不要對號入座。每篇小品文，都會有引言點出要點，讓讀者更易閱讀。

〈作自己才是最好的名牌〉這篇文章裡，我提到，「時尚」的根本是在發現自己，而服飾只是工具和橋梁，讓我們到達時尚之路，成為更美好的人。這段話是我多年來歷經「趕流行」，了解時尚後，才領悟到人是「主體」、服飾是「客體」，不要本末倒置，這也是我想跟愛美、要美，及在乎自己的女性分享，善用服飾，不要被服飾所用，成為它的奴隸。

在意識能抬頭的世代裡，每個人對人事物的感受更敏銳、更清晰，且自有定見。所以，

本書不是要教導怎麼搭配才是完美造型？如何穿搭才叫時尚？而是透過一篇篇小品文，在真實呈現的人生百態中，獲得啟發與靈感，就會在造型穿搭及風格上，獨到展現自我。

每篇文章都有一把鑰匙，通往美麗人生的門。讀者可以有自己的感想和發想，自由發揮，開啟自在心門。

最後，要感謝總編輯俊國的支持、副總編輯士尹專業的文章編排、麗卿美編的設計，及出版社成員的協助，和給予我靈感、建議和打氣、加油的朋友們。令我感動的是，許多好友們在百忙中撥冗為我寫推薦序，真的，非常謝謝你們。

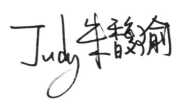

PART-1

美，誰說了算
How to Define Beauty?

時尚流行誰說了算

> 如果你是有意識的穿搭，不介意外界的看法，時尚流行之於你，就顯得微不足道。

常常有人問我，流行趨勢怎麼來的？可以不用跟隨嗎？多年來我的回答：「可以！如果你是有意識的穿搭，不介意外界的看法。」這個說法卻被「中國犀利哥」打臉。

2010 年，路人拍攝一組「犀利哥」的街頭照片：米色前片荷葉領設計雪紡洋裝；搭配長褲，及內搭垂墜領長袖上衣（使用無性別及流行的層次搭配法）、骯髒不堪的毛衣（與這幾季流行不收邊 unfinished 的設計，有異曲同工之妙）；搭配鋪棉連帽長大衣，刷色牛仔褲腰間繫上一條紅色圖案小絲巾（把絲巾當腰帶用），配上零亂的髮型（亂中有序，屌！）；瀟灑眼神，帶著些許憂鬱滄桑，叼著一根菸。套句流行術語：跨越兩性藩籬，穿出自我風格。

　　這組照片，隨後被無數人轉載，在網路一夕爆紅，不只華人圈，甚至英國「獨立報」，也稱他為「中國最酷的男人」。一開始，很多人質疑是炒作，因為乞丐不可能懂得時尚這玩意兒，還把流行的元素發揮到淋漓盡致。後來證實，他就是一個長年流浪的乞丐，還有些微的精神疾病。

　　照此說法，他的穿搭應該是無意識，要不就是超越了意識。他的例子，撞擊了我的思維及對時尚的認知。

　　時尚誰說了算——你、我、他？或預測流行的權威人士？

　　我就讀大學時，曾經流行乞丐裝，1980年代的宜蘭——我的出生地，還是很傳統純樸，當我穿上多處補釘的衣服；我老媽很惱怒：「我們家很窮嗎？要穿這種破破爛爛的衣服！」

　　所謂流行的衣服，在我老媽一聲令下，被束之高閣。時光荏苒，真正的乞丐，卻把乞丐裝，穿出時尚與風格，而且舉世聞名。

　　虛與實之間，一線之隔，卻如此遙遠。

　　我不禁想，像犀利哥這樣，到處為家、

隨意吃穿，衣服之於他，輕如羽毛，反而能穿出蝴蝶般破繭而出的美感。而正常如我們，穿衣打扮時，斤兩必計，承載太重的包袱，諸如：流行不流行？品牌大不大？是否限量？有沒有個人風格？能不能成為焦點等？「作繭自縛」，不過如此，我們當然也不夠「犀利」，沒有一把剪或尺，足以訂製自己的流行。

　　我剛從英國學成歸國，由於好朋友名彩妝師的引薦，成為一些名人的御用造型師。為了讓自己看起來很稱頭、時尚，身上行頭必有流行的元素，或限量服飾、或讓人驚嘆的裝飾。

　　當時的我，追隨流行的腳步跑，怕跑偏、一摔跤，連專業也摔掉了。

　　類似情況，也出現在我的客戶裡。有一個客戶，她只穿當季流行服飾。當我為她設計造型，每樣單品都系出名門。

　　有天，她穿了一件流行的透明雪紡紗長裙，隱約可見健美的雙腿，搭配動物圖案縷空編織羊毛衣、手拿限量款筆記型圖案包、腳踩當紅的尖頭紅底鞋……，她不是特美，但個性很吸引人——不做作、很真、有趣又直爽。

　　一個如此有電力和魅力的女人，少了哄抬

的口水，還能為衣服增色，讓她如此吸睛嗎？
我的答案是肯定的；而她呢？每季必搜最流行
的款式衣物到占為己有，時尚流行已和她的品
味與風格成為孿生姊妹。

　　我好奇問她：「為什麼要穿當季流行服
飾？」

　　她說：「穿過季的衣服，跟一群穿著很時
尚的朋友一起，感覺會遜掉。」

　　出身名門的品牌服飾像鍍金，褪去身上行
頭，便被打回原形了。我佩服她對流行服飾的
執著，並拳養敏感，指針一般，絲毫不差，但
我更希望當她立於穿衣鏡前、與時髦的朋友打
混相處時，多去留意，當她笑顏開，總是會讓
天氣晴了好幾分。

　　女人對衣物的感受，常常受制於外在的因
素，例如：流行與否、哪位名人穿過，吹捧愈
高的名牌或單品，穿起來愈神氣。外在種種常
成為滲透，給了內心的自己，最合適的剪裁。

　　時尚與乞丐，看似二條永不交叉的平行
線。服裝設計師們在苦思創意時，「窮則變，
變則通」，乞丐的妝扮也能搬到時尚殿堂。驗
證了愛因斯坦的「相對論」。

氣質的形狀

> 一個人的內在有修養氣度，當長相秀麗、身體狀況平順、性情和善且態度優雅，氣質便找到了輸送方式，自然呈現。

多數人認為，「氣質」就是飽讀詩書、溫文儒雅、含蓄內斂、穿著合宜、進退有節、明白事理；而活潑開朗、獨立自主、敢愛敢恨、勇於表達，則被歸類為有個性。

我不如是想。氣質有很多形狀：瘦削的、豐腴的、粗獷豪邁、嬌小可愛、斯文優雅、高貴大方與豔麗性感等，每一款形狀，眉角、輪廓、髮型不一，氣質味道各異。

小時候，對於氣質的認知，停留在文靜乖巧、笑容可掬、功課很好、舉止端莊、穿著像公主般。阿嬤常說我像野丫頭，成天與鄰居小男生在溪邊赤腳抓魚、玩躲避球、打彈珠、玩紙牌。

那時的我，氣質就像九重葛，到處攀沿；

爬上房屋、教室矮牆、花園籬笆，爬到滿山滿野。我用滿身的綠與紅，標示了撒野的地盤。隔壁鄰居阿慧，則像被呵護的小蠟燭，風一吹就熄滅，但有她的地方就有溫暖。

阿慧用白與粉紅，圍起城堡，男生都樂當騎士，搶當那雙鞏固的雙手。我和她，動靜互補，成為最佳死黨。

懵懵無知的年紀，對於深奧形容詞，其實無感，硬拼湊出來的樣子，也只是順著前人的範本，隨波逐流的產物。就像吃飯要配菜，理所當然。

長大後發現，「氣質」是很抽象的，沒有顏色、沒有味道，當它像風一樣吹過來，就知道有沒有。

第一次感覺到氣質的樣貌在 1988 年法國旅遊，香榭麗舍大道上，迎面走來一位法國女子，30 歲左右、小麥膚色、身材高挑、中等胸部、棕色長鬈髮、棕綠色眼睛，米白色細肩帶絲棉長洋裝下，沒有胸罩或胸貼，神態自若，搭配棕色皮質平底涼鞋，行走時，依稀可見修長雙腿。

我不是故意打量，但她自在隨性的態度，

可為、不可為，一切順應自然、不做作，深深吸引我。

人，不過臉蛋、軀骸與四肢，沒有誰比誰多出什麼，氣質卻突圍了，且立竿見影。

香榭大道的法國女子，告訴我「自然」是氣質的形狀，且超越肉體。雍容華貴、風情萬種，都屬出塵的用語，描繪一個人，難以被文字形容的那部分。

詩音是我國立藝專（現為台藝大）影劇科的同學，說話字正腔圓又條理清晰，164公分、纖細身材、瓜子臉、高挺鼻子、眼神明亮，薄唇上有一顆小唇珠、配上微挑的眉形，給人小辣椒的氣息；精緻五官配搭兩顆稍長的門牙，為她的知性氣質加分不少，也是班上公認的大美女。

她氣質清新，對人親和，但班上男女同學對她，都自動維持距離。與她聰明伶俐、反應敏捷、能言善辯，及男友家世背景好，所產生的效應有關，加以氣質像竹子，清雅、美麗、直爽又有個性。竹子的傳統意象是纖纖獨立，如君子，跟詩音為友，都得挺直腰桿，難怪同學們敬她、畏她。

1980 年代，說標準國語，是氣質的配備
之一。我另一同學孟玲，說得一口漂亮國語，
身高 158、鵝蛋臉、陽光膚色、淡淡雙眼皮、
豐脣、纖腰、臀部渾圓，當她踩著三吋半細跟
高跟鞋，搭配黑色合身上衣、黑色寬皮帶、碎

花及膝小圓裙，甩著烏黑亮麗長直髮，步態輕盈、姿勢優美的行走，舉手投足散發女人味，讓我想起，珠寶品牌 Queelin 的招牌葫蘆飾品；凹凸有致、時尚、品味，與性感。

咬字準確，說話音律舒暢是氣質的來源，我的好友許老師，是個例外。

許老師，知名攝影師、64 歲、165 公分、身材精壯結實、皮膚黝黑、外型粗獷、個性開朗樂觀，像老頑童，說話腔調帶些本土味兒，但動聽、很有個人風格，才能散發超越台灣國語的迷人丰采。

他多數時間，穿棉 T 配五分寬棉褲，再搭上布鞋、布希鞋、涼鞋或勃肯拖鞋。天然材質的衣服，與舒服休閒鞋款，春風一樣，使人舒爽。形於外、本諸心，許老師內外合一，是我見過，真實作自己的最佳典範。

他熱愛工作，上山下海拍照是日常，常年笑口常開、樂於擁抱生活、不卑不亢、隨遇而安，到處為家。他常說我是天龍國人，無法忍受日曬雨淋，享受大自然的美好與奧妙。

我不服氣，細數小時候與大自然為伍的英勇事蹟……，也不否認，遠離家鄉宜蘭後，與

大自然漸行漸遠，高樓大廈成為我的星星、月亮，無怪乎，許老師渾然天成的自在氣息，成了純粹吸引人的氣質。就像書法的「拙」是一種審美的高境界。

何謂氣質？我曾經和一位 90 歲的老前輩討論氣質的樣貌，老前輩說，「氣質」，如是相、如是性、如是體、如是力。

「相」指長相、「性」是性情、「體」指體態，「力」則是體能。長相、性情、體態、體能，跟一個人的氣質有莫大關聯。

一個人的內在有修養氣度，當長相秀麗、身體狀況平順、性情和善且態度優雅，氣質便找到了輸送方式，自然呈現。林志玲就這款氣質，成為女神不是偶然。「神」這一個字，只應天上有，是因為在人間，經歷各樣的試鍊。

人的氣質也像玉，經過時間、環境與主人的滋養與灌溉，形成不一的氣與質。好玉愈養愈潤，涵養愈深的人，氣質愈能顯現。

小時候，我與大自然做朋友，渾身是勁，氣質的形狀是圓；出國念書後，與文明為伍，就趨向方形；被知識障礙著，成為專業造型師，追求最好、講究完美，氣質形狀成為三角形，

也就是金字塔形；熟女後，凡事採中庸之道，氣質轉換成兩個圓∞；像太極的 S 形，分割左右為一黑一白的圓形圖，圓滿和諧。

氣質在不同環境與思維，竟悄悄成形，也更知曉氣質的形狀，可以自己做。

就跟寫書法一樣，我們練字，也練自己。

美滿僵局

「意識決定行為」，簡而言之，轉心轉念不過是意識
上的一個念頭，念頭一轉，事情就可迎刃而解。

已不記得，項鍊女是誰介紹，她穿戴衣服
的方式，令我印象深刻。

第一次見到她，在大安路三樓工作室。約
162 公分、50 歲左右，不是很胖但骨架大，
讓身材看起來有些壯碩，微鬈蓬度的低層次短
髮，泡泡的內雙眼皮，透出銳利眼神，肉肉的
臉，鼻頭圓圓鼻翼稍大，搭配明顯法令紋，勾
勒出略顯嚴肅的臉。我嗅出不尋常的氣息。

項鍊女穿黑色西裝外套，同面料黑色長
褲，內搭米色無袖絲質上衣。一副標準職業婦
女的打扮。我請她脫鞋入內，在十坪大的狹小
空間，引領她坐在柔和三角形雙人綠色麂皮沙
發。

她告訴我她在高中任教，希望我可以為

她設計既時尚又符合教職人員的專業造型。人要衣裝，為人師表打扮得宜了，板書也能鍍層金。

　　一如往常，設計前，我需要用布尺量身，以確實掌握客戶的三圍尺寸及身材優劣勢。現實尺度很可能不盡完善，但更激勵人們追求，是跟近的每一步都是好。

　　我請她脫掉黑色外套，她猶豫了一下，為了讓她自在，我示意助理離開。她尷尬的邊脫外套，邊自言自語的說手臂太粗，同時用右手掌來回輕滑左上手臂，試圖遮掩胸前隱約凹凸的五條不同大小珠項鍊。

　　我有些訝異，但面不改色。為了讓她卸下心防，我故作輕鬆，語氣平和的問：「為什麼把漂亮的項鍊，藏在背心裡，不放在衣服上？」

　　凸顯自己是人之常情，中年女人卻把珠玉當作瑕疵。防備性極強的她難為情的說，曾做過腹部抽脂手術，不戴項鍊增加重量，肚子好像缺了什麼，會感覺不平衡。

　　生理的移位催動心理的移情，我不理解她的理論，仍然點點頭，以拉近彼此距離。

這是我從事造型工作十多年來，第一次碰到的棘手問題。

我啟動偵探模式，試圖從話語中找出線索，打破僵局。我試水溫的詢問，可否把五條珠項鍊，改戴三條？

044

她雙手抱胸，深怕我會搶走祂的項鍊，語氣堅定的回答：「不行，走路會摔倒。」

我退而求其次的把三條加回五條，討價還價似的達成交易。

她詭譎的看著我，似乎在對我說：「那找你幹什麼？」

我收到她的質疑，面帶笑容看著她，同時搖頭擺手說，是五條項鍊放在衣服上喔。我依稀看到，珠項鍊正在跟我打暗號，終於可以讓

陽光與眼光，見證它們的價值。

　　我接著像偵探辦案剖析說道：「如果為了增加上半身重量，何不把運用的工具——珠項鍊，秀在衣服上，成為個人風格？」

　　她靜默，面無表情，但眉頭深鎖，似在思索什麼？透過牆上大片鏡子我看到她擔憂的眼神。一種風雨來之前的寧靜。

　　為了讓她更清楚我的邏輯，我在 A4 紙上畫了一個小孩站在門的這邊往另外一邊看，左右手各握住柵欄，並解說畫中含意——小孩非常小，他相信他無法通過那個柵門，沒有看到綁住門的鏈子並沒有上鎖，只要打開它就可以了。

　　她抬頭看我，眼中沒有什麼情緒，開口聲音淡淡的，卻不冷，「所以？」

　　我用超心理學表達論述：「意識決定行為」，所以，只要把一開始的設定轉換；珠項鍊不僅僅是祕密武器，幫助身體平衡，更可運用在美化造型上，就不會執著於項鍊一定要放在衣服內。

　　看她似懂非懂，我簡而言之，轉心轉念不過是意識上的一個念頭。念頭一轉，項鍊就可

揚眉吐氣，重見天日。

她眉頭漸鬆，像是鬆了一口氣，眼神也柔和了，微笑著。

美麗的珠項鍊放在衣服內，是許多個凹凸疙瘩，這一刻她與疙瘩密謀變身，成為祕密武器。

多年後，有位客戶打電話給我，說她叫吳美滿，十年前曾經給我做過造型，想約時間諮詢。我請她寫下問題，以及想諮詢的服飾。

晴朗的午後，門鈴聲響起，助理走向大門口，遞給客戶室內拖鞋，引領她進入諮詢室，坐在我對面椅子上，我站起來表示歡迎。

她客氣點頭並微笑著說：「這裡比大安路的工作室更寬敞舒適。」

我心頭「咦」了一聲，搜尋她的臉，企圖勾起記憶。

她看出我的心思，貼心替我解圍，「你服務的客戶眾多，又過了這麼多年，記不起來很正常。」熟練的拿出放在大袋子裡的飾品，擺放在面前桌上，以備諮詢之用；耳環、戒指、大小不同的珠項鍊、大型不同材質的墜飾項鍊及珍珠項鍊等。

眼前的項鍊女沒有佩戴任何項鍊，沒有給我一點蛛絲馬跡，讓我連結「吳美滿」與「項鍊女」。珠項鍊像在跟我打招呼，我不禁莞爾，「你是老師……」

她沾沾自喜，對我還記得很滿意。

我們沒有提到珠項鍊的往事，只是當我在諮詢她，如何運用飾品穿出個人風格時，眼睛會不自覺的瞄一下珠項鍊。

我沒有做過腹部抽脂，無法體會項鍊女生理的空缺，導致心頭空虛與不安，但不評斷、及接受感受沒有好壞與對錯，為我和她打破僵局。就像大冰塊，又方又硬，打碎時，卻有無限的可能；放果汁裡保冰，放蔬菜下面保鮮，放在海鮮盤底點綴……

我很欣慰，項鍊女不再受限於珠項鍊，更重要的是，她已跨越上身重量的坎。

她不是針對我

> 鏡子反映實相，照鏡子的人可隨心情改變真相。虛實之間，很難辨識。

我正在跟凱薩琳介紹家裡的布置與空間規畫，她的電話響起。

「我在 Judy 家參觀，嗯嗯，好啦！知道了，再幫你約。」凱薩琳掛斷電話，臉上露出一絲無奈與為難說：「我的朋友凱西跟我提很多次，要給你做造型，她是富家千金，被家人保護著，很少與外人往來，不大信任別人，很多眉角很難搞，我擔心萬一出什麼狀況，壞了朋友情誼，對你也難交代。」

朋友之間也有難以預期的「第三者」，善意的珠玉磨啊磨，成了扎眼沙粒，她先打預防針，免得最後裡外不是人。

幾天後凱西到我工作室，約 158 公分，45 歲，心型臉，略長的脖子，八字眉，薄嘴唇，

配上一雙靈動會放電的眼睛，挺討人喜歡。

她很瘦弱，臉苦苦的，帶些神經質，穿一件過大黃色碎花小洋裝更顯單薄，個性活潑直爽。很衝突的特質組合。我聞到一股挑戰的氛圍。

凱西是家裡老么，在英國受教育，回國後幫家族打理投資業務，兄長都已結婚生子，父母親很傳統，她有結婚壓力。

凱西年輕時有一位情投意合的對象，已論及婚嫁，陰錯陽差錯過了姻緣。

她找我的目的：希望透過造型，看起來年輕、盡快找到合意對象。

愛美是女人天性，追求年輕更是女人一生的目標。我點頭微笑，表示理解。她緊繃僵硬的身體，鬆了下來，像是見到救星。

我和她相約在一家知名髮型屋，從頭開始，把她過肩直髮，剪短至肩上三公分，增加頭髮蓬度，以修飾過長脖子及豐腴臉型。

之後，到複合式精品店試衣，以了解她適合的服裝款式和造型風格。造型不只是穿搭組合，而為每一個靈魂找到合宜色彩。

我選了一件硬挺布料膝上 A 字裙，請她

試穿，當她從試衣間出來，表情扭曲，邊走邊拉扯裙頭。

我納悶，「不好穿嗎？」

她回說：「裙子腰太緊，不舒服，很難呼吸。」

我不敢置信，思忖著，以她紙片人的身材，最小尺碼腰還需改小，太緊？我嘀咕，太邪門了吧，走近檢視裙頭狀況，赫然發現，一根食指放入腰裡還有空間。

我撇嘴，不置可否，心想，來亂的吼？正要失去耐性，凱薩琳的話猶言在耳：她有很多眉角，但人很單純、善良，碰到任何事情，不要太在意。猶如給我打了一針鎮定劑。

「這樣不行，太緊了，要再大一號。」她皺著眉頭看著我，語氣急速。

她常以自我轉圓，愈繞自我意識愈強，也更多銳角。

我故作鎮靜，臉上沒有不悅，以安撫她的毛躁，同時深吸一口氣，舒緩自己的情緒，深怕口氣不好會壞事。我不疾不徐解說，運用視覺再造的穿衣理論，讓她明白纖細身材穿過大衣服會更瘦，看起來不大器，反之，合身的尺

寸，則會瘦不露骨，身材更窈窕具女人味。

　　她還是低著頭看她自以為太緊的腰頭，手拉裙頭左右來回轉動，似在證明腰還是太緊。看來，她長年自我綑綁，不容易輕易找到開解的線頭，我不語，等她出招。

　　過一會兒，她抬頭看我，聲音溫和帶點撒嬌似的說：「那就這樣，不換大一號，但腰不能再改緊喔！」像在跟我示好也在暗示我，這是她的底線，不可逾越。

　　鏡子反映實相，照鏡子的人可隨心情改變真相。虛實之間，很難辨識。身為專業造型師的我，有責任為她把關。

　　為了讓她穿出好身材，展現魅力與美麗，實現結婚願望。我眼神柔和但語氣堅定：「不行，腰還是太大，你穿起來顯瘦，撐不起來。」

　　她兩手交叉，並搖頭以示不可改小的決心。中年女子都想凸顯纖細腰圍，證明保養有方，她卻把瑜當成瑕。

　　我打趣說：「又不是去上戰場，幹嘛這麼緊張？」以緩和氣氛。她手放脖子處再次強調，太緊，會呼吸困難。

　　她綑綁自己的力道如此強勁，好似真的難

以呼吸，我無言以對，腦中浮現布袋和尚〈插秧偈〉裡的一句話：「心地清淨方為道，退步原來是向前。」清淨的世界裡，怎麼可能出現誰的對、誰的錯、誰的是、誰的非？「退步」其實是「道行」又「向前」了。我豁然開朗，繃緊的神經也鬆開了。

我不再堅持合腰，改以合身洋裝取代，以退為進，贏得她的信賴與共識。

凱西露出滿意的笑容，試衣心情也從備戰狀態，轉變成探索自我的樂趣。幾次試衣溝通後，她已不再執著很大的腰頭，穿衣風格也從單一的寬大洋裝，轉換成多元的造型：硬挺小喇叭褲搭配胸前荷葉雪紡女衫或絲質上衣、娃娃領針織洋裝、細褶小蓬裙或膝上 A 字裙配短版開襟衫等。

找到開解的線頭後，試衣間不再是囚禁，而是遊樂場。

我不是心理醫生，無法理解為什麼她需要夠鬆的腰頭，才能呼吸順暢。雖說美好的身材與穿衣品味，不能保證一定可以找到如意郎君，卻是一張交友的通行證。我很欣喜，一年後她如願結婚。

052

姊妹淘

朋友像一面鏡子，照啊照，不知不覺成為同個模子。被人指指點點容易迷失，美麗需要與自己窖藏，才好走出亮相。

第一次見到莉娜，是參加國外旅行團。她中等身材，五官平淡，不是美女，每次出現一身名牌，行頭十足，不注意她也難。

雖說人要衣裝，佛要金裝，但強摘的果子不甜，刻意凸顯品牌價值，也會適得其反。我對她的印象一般般。

莉娜龜毛，但開朗率直的個性，為她贏得不少人緣。她喜歡時尚，愛漂亮更愛自己，她的人生排序——自己、老公，最後才是小孩。

她相信，瀟灑花老公的錢，為自己增值，才有美麗人生，當自己唯一且為第一，排序在後頭的人與事，才會努力吸引青睞，她珍愛自己又兼顧家庭，怪不得，老公當她是寶。

　　幾年後，在一個晚宴場合碰到莉娜，她穿一件長至腳踝的黑色無袖禮服，搭配一條價值不菲的鑽石長項鍊，一看到我，臉上掛滿笑容，並當著其他人面前直白說：「好想給你做造型，但是你好貴，又要付現金不能刷卡。」她語氣親和，分不出是褒還是貶。

　　我不知怎麼回應，只好尷尬的笑笑。

　　她接著說：「待會兒跟你私下聊聊。」

　　阿嬤常說「嫌貨才是買貨人」（注），在莉娜身上得到驗證。

　　莉娜有一位相交十多年的姊妹淘貝拉，在莉娜給我服務之前，兩人常相約逛街買衣服，穿姊妹裝，分享私密，也會為了得到鍾意的服飾，私下相互較勁，誰也不讓誰。

　　一種是友非友的微妙關係。一股愛美、求美捨我其誰的氣魄。

　　關於做造型，莉娜沒有告訴貝拉，是幾年後她感覺莉娜脫胎換骨，一問之下得知的。這是我對每一位客戶的要求。想分享給家人或朋友，需在整季造型完成時觀賞、年度造型服務則需一年後，才可告知親朋好友；被人指指點點容易迷失，美麗需要與自己窖藏，才好走出

亮相。

　　莉娜熱心的跟我說，貝拉很需要我的專業服務，理由——她很有錢、衣櫥裡堆滿當季熱門款服飾，有的還同款不同色，但穿不出名牌的範兒、購物狂……

　　她滔滔不絕的說，像專家似的，我看著她，噗哧一聲笑了出來，「你的朋友跟你的購衣風格很像耶！」

　　她連忙幫自己打圓場，臉上一副很得意的樣子，「那是沒找你之前，現在我跟名牌是泛泛之交。」

　　說的永遠比做來的容易。而朋友像一面鏡子，照啊照，不知不覺成為同個模子。

　　為了提醒她，不要重蹈覆轍，我揶揄似的說：「龜笑鱉無尾，鱉笑龜粗皮（台語）。」

　　她嘻嘻笑問我：「什麼意思？」

　　我說：「半斤八兩啦！」兩個人哈哈大笑。

　　造型師有時也像開鎖大師，解開密碼，就通暢無阻。在晚宴對我「將軍」的莉娜，而今跨過界線，跟我同一國了。

　　我沒有問她，這麼關切好朋友的購物及造型狀況，怎麼只說沒有行動？所謂獨樂樂不如

眾樂樂。但造型比美上，哪個女生不希望是團體裡最閃亮的那一位。這也是我從事造型工作二十多年來常碰到的情景。一座花園中每種花姿都美，但女人們常愛爭論，玫瑰、百合誰更勝春天。

一個晴朗又舒爽的下午，我為莉娜設計春夏造型，她穿好指示的服飾走向我，笑意裡有一種說不出的複雜心情，「我把你的聯絡電話給貝拉。」

我從喉嚨哼出一聲「嗯」，繼續專注眼前她所穿戴的服飾，並要她往前走幾步，以確認造型完美無缺。

她自信滿滿像模特兒走台步般的往前直走，再轉回走到我面前，表情忸怩探聽似的問：「貝拉打電話給你了嗎？」

我隨意回應：「沒接到耶。」

她撇嘴，狀似生氣，「她不停的跟我要你的電話，又不聯絡，是怎樣！」一副俠女性格。我看她懊惱的樣子，覺得好笑。

愛美的女人忌諱把美的祕密分享出去，莉娜肯定在一番自我掙扎後，選擇對得起友誼。剎那間，對她生出好感。不是因為她介紹客戶

給我，而是爽直的個性。

在莉娜積極推進下，貝拉和我聯絡。她說話客氣，不慍不火，臉上帶點傲氣，冷冷的，但給我不錯的印象。約 164 公分，38 歲，有一雙大眼睛，高鼻子，牙齒潔白整齊，典型的美女長相。皮膚白皙，胸部豐滿，臀圓，腰細，配上修長美腿，看起來像 168 公分高，男人欣賞的女神身型。

面對有顏值又有身材的美女朋友，是女人都有威脅感。難怪莉娜心情五味雜陳，像打翻的調味料。

還好莉娜堅持原味，不久後，貝拉成為我的客戶。她們常互通有無，但有瑜亮情結；希望朋友穿著時尚有型，又擔心被對方比下去。

我很慶幸，在這事件上，一直處於順其自然的態度，才不沾染塵埃。孔子曰：「唯女子與小人難養也。」我感同身受，但作為莉娜的專業造型師，有責任告訴她，她的魅力已超越美麗，無可比擬。

注：比喻會對商品挑剔、嫌棄貨物毛病的人，才是真有意願購買的人。

謊言不善意

> 每件衣服自有其個性，但得依賴人的性格與身型，才能相得益彰。穿衣服看場合，更要符合身分。張冠李戴，有時會貽笑大方。

　　星期一是我喜歡逛服飾店的日子，人少，可以一邊工作一邊試穿衣服，乘機體驗當季品牌服飾的風格及線條，一舉兩得。

　　沿著精品店，走到某知名義大利品牌專賣店幫客戶選購春夏服飾，一進店裡看到一位熟女，約 165 公分，56 歲左右，長相平庸，胖胖的，姿勢挺直，肩上大波浪鬈髮，眼睛炯炯有神，背厚，手臂粗壯；配上不矮的高度，讓她身材顯得壯碩魁梧，但整體看起來很有氣勢。

　　有錢人，擁有雄厚財力作後盾，2012 年雖歷經金融海嘯與經濟衰退，面對高單價的服飾，依然面容輕鬆，優雅自如，態度就很大器。

　　我想到大內高手這類人物，不隱居深宮，

而到塵寰盡展身手。

　　氣勢女與女店員有說有笑，正試穿一件絲質寶藍色低 V 領滾金邊，無肩線寬大袖子與無腰身設計，像罩衫，也像少了腰封的唐代貴妃服。寶藍色底配上紅色刺繡牡丹花，和不同色彩大小花朵、葉子和蝴蝶圖案；混著看不出啥印花的長禮服。讓人眼花撩亂。

　　她個性應該豪邁開朗，不然怎麼會選擇以華麗性感浮誇的動物花紋，和波西米亞風聞名於 1990 年代的世界品牌，作為出席晚宴的禮服。衣服個性還得依賴人的性格與身型，才能相得益彰獲得平衡。

　　女店員跟氣勢女說，這件禮服她穿起來很有架勢很好看，適合去參加晚宴。

　　氣勢女高興的眼睛瞇成一條線，「真的嗎？不會太花太胖……」

　　女店員回說，「不會啦！大明星都這樣穿。」

　　穿衣服看場合，更要符合身分。張冠李戴，有時會貽笑大方。

　　我不是故意聽他們說話，但在一個狹小空間及他們說話的內容，讓我忍不住用餘光看

那件衣服與氣勢女，心裡嘀咕，衣服好看，人不對，她穿上像掛著高級睡袍，給人壓力的胖胖貴婦，穿去夏威夷度假還可以，晚宴？這是「善意的謊言」嗎？按照我看，更像「謊言不善意」，因為，女店員指引氣勢女往錯的方向走，誤以為這件禮服合適她。花不插落花瓶，卻誤放在酒杯裡，確切形容當時景況。

好奇心使然，我招手請相熟店長過來，使眼色瞄向氣勢女問她，「那位是誰？你認識嗎？」

店長回說：「是某大企業老闆娘，店裡常客。」我從喉嚨裡發出一聲「哦」，同時搜尋記憶庫。

店長接著說：「她剛剛還問了店員，你是不是造型師？」

我驚訝了，「她認識我？」

她說：「她知道你。」

我不由自主的再偷瞄她兩眼，我和她依稀見過面。相見自是有緣，我虛榮心與正義感上身，對著店長小小聲說：「嘿，她穿那件禮服不行啦，又不是走好萊塢紅毯，況且穿起來太大隻，只看到衣服看不到人，你們不會真要她

060

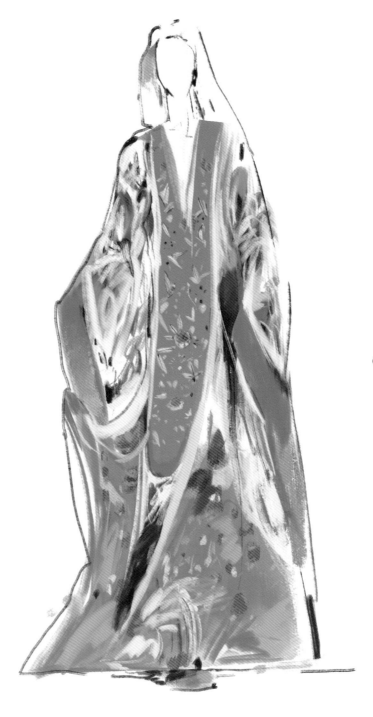

061

買？」

　　店長表情有些小尷尬又老神在在的說：「客人都喜歡聽好話，我們也不敢說什麼。」她真正的意思是「合人客意大富貴（台語）」。

　　忠言逆耳，有時也像裹著毒藥的蜜糖。

　　她接續說，像是為自己辯護似的，「我們有業績壓力，能賣出去都是好事，然後，抬起眉看著我酸酸的說，如果每位客人都像你一樣精準購衣，我們店就要關門了。」

　　為了適合而買，不如為了喜歡而買，更能增加業績營收。她一針見血，我啞口無言，不置可否。

　　氣勢女又換了一件低 V 領長袖雪紡黃色底印花，傘狀裙襬有腰身長禮服，臉上一直掛著笑容。愛美的女人，面對漂亮的衣服及啦啦隊不斷的拍手叫好，不心花怒放也難，眼看著即將刷卡買單，抵達掌聲的終點。

　　我轉頭看她，正好與她目光接觸，我微笑點頭，嘴裡發出只有我自己聽見的聲音：你好，表示對她的尊重，她神情愉快的點點頭回應。

　　我禱告著，她買這件黃色雪紡紗飄逸禮服，捨棄龐大貴妃服。我在心頭悄悄為她定

裝，免費服務，是為了不糟蹋她，也不糟蹋衣服。

這景象讓我聯想起，幾個月前和客戶在複合式精品店看衣服，碰到兩位漂亮女生：A女生約162公分，28歲左右，中等身材，皮膚白皙，五官清秀，不是很美，但氣質不錯；B女生約165公分，屬於性感型，身材高挑。同樣28歲上下，輪廓鮮明，胸部豐滿，細腰，臀部翹翹的，雙腿修長。兩個人各有特色，不分軒輊。

她們正在試穿晚裝，兩位女生你一言我一語，穿得不亦樂乎，一看就知道是姊妹淘。

店員拿了很多不同風格的晚裝給她們，一位試完，另一位就會給建議出點子。兩個臭皮匠勝過一個諸葛亮，有時也會適得其反，對手眼裡的砂磨不成一粒珍珠。

B女生穿一件橘紅色細吊帶低圓領高腰雪紡紗迷你短洋裝，腳踩金色細跟高跟涼鞋，從試衣間走出來，婀娜多姿，我和客戶頓時被她吸引，兩個互看。

客戶忍不住貼近我耳邊說：「年輕就是本錢。」

　　我回她，「重點要有豐滿胸部、修長美腿加上漂亮的臉蛋。」客戶點頭如搗蒜。

　　美的維納斯，一亮相就是詩。

　　這時她的朋友也從試衣間出來，穿一件白色寬鬆無袖滾蕾絲邊，珠寶領高腰雪紡紗蛋糕式短洋裝。優雅有餘，性感不足。

　　B 女生一看到 A 女生雀耀的詢問她的看法：「這件紅洋裝好看嗎？」

　　A 女生面有難色嘟著嘴說：「太紅了，不好吧。」

　　她的 OS 應該是太奔放性感了。我和客戶面面相覷，客戶喃喃自語說：「還好吧，怎麼會太紅？」

　　A 女生接著建議 B 女生買同款黑色洋裝，跟她黑白配。

　　客戶納悶轉頭問我：「紅色洋裝，B 女生穿起來超驚豔的，怎麼會建議她買黑色洋裝？」

　　我聳聳肩不以為然笑說：「太吸睛了，她有壓力。」

　　客戶恍然大悟，啊，怕會比下去！所謂一山難容二虎，何況是兩隻母老虎。

小時候考試，常常臨時抱佛腳，所以在考試當天會爭取最後衝刺，認真 K 書。國中時，曾有位要好同學，在考試前不斷來擾亂我，找話題跟我聊天，還搶走我的書本說，不要再讀了啦，我傻呼呼的問她，你讀好了嗎？她回說：「沒有啊！都沒讀……」結果，她考 100 分，我考 50 分。

　　「善意的謊言」與「謊言不善意」，雖是相似五個字，但排列組合不同，寓意就天差地遠。

假象兩則

> 台灣諺語：「陰鴆狗，咬人攏袂哮。」（注1）意思是，看人不是看表面，有時內與外，大相逕庭。

她，來自香港的造型師，30歲，163公分左右，烏黑亮麗的低層次短髮，五官秀麗，皮膚細細白白，身材清瘦高姚，很有氣質，看起來就像喝過洋墨水。是我欣賞的類型女生，也是男生喜歡的型；她不是大眾臉，卻有大眾緣。

她說一口彆扭的香港國語，但不影響我對她的好感度，許是對我的眼，所以連不標準的國語，都覺得有個人特色。她親切的與工作人員溝通，同時幫香港當紅歌手做造型；調整服飾、檢視妝髮、燈光等，說話輕輕柔柔的，看不出一絲的緊張和壓力。

有實力的人面對大人物，就像小菜一碟，不用一次出齊滿漢全席，看什麼、端出什麼，

才是工夫。

　　當天我去知名攝影師的工作室找朋友，沒有預期會碰到香港知名歌手拍宣傳照。我藉故留下，除了看明星，也好奇造型師在攝影棚的工作情形。那一年是我入行的第二年。心想有一天要像她一樣，學好造型廚藝。

　　我目不轉睛隨著她的身影移動，她注意細微處；一根頭髮、臉上油光、兩腮顏色均勻度、領口平整等，確認歌手從頭到腳髮妝、服飾無誤，就退到拍攝視線外，左手斜放右腰上，右手彎手肘撐在左手腕上，右手背放下巴處，專注的看電腦螢幕畫面，一發現歌手頭髮亂了、衣服沒整好，立馬交叉雙手說：「不好意思，稍等一下。」走到歌手面前，小心翼翼的撥整頭髮與衣服。她的敬業與投入，吸引我靠近她，也貼近她留意的細微。

　　當天工作完畢，我自告奮勇載她回酒店，她欣然接受。在車上她告訴我，她從事造型工作五年，我「哇」的一聲，好厲害喔，五年就成為歌手演唱會及藝人的造型師。她聳聳肩沒說什麼，我讀不出她的肢體語言，只好靜默。

　　過了幾秒，她輕輕說：「我打算不做這行

了。」像在對自己說又像在對我說，太突然，我沒法反應過來，她接著說：「這行做下去沒有發展空間。」

我不明白她的意思，但沒有問，只是回應她所說的話：「我覺得你好適合當造型師，作品棒，身材好又有型，看起來很有造型師的樣子。」

我看的是表面，她講的是真實狀況與感受。不同位置，雖在同一條路上，看的景色也會迥異。

她似乎未卜先知，嗅到未來造型知識將免費取得，也可能經歷了很多眉眉角角，才決定不再從事這個行業。

她是窗外的人，歷經了人事，看清自己的人生路，我在窗內，幻想著造型師很酷的頭銜與編織美麗的夢。初生之犢不畏虎，我繞行造型森林的邊緣，多年以後才會知曉，虎爪、虎牙以及虎語的可怕。

我想到多年前看到的一張漫畫，畫上有一顆大樹，樹幹前三個小孩圍繞，手牽手開心的笑，旁邊配文寫著：五個小孩圍繞著樹幹，前面三個小孩開心的笑著，後面兩個小孩笑得更

開懷。

當時這張漫畫啟發了我；都說眼見為憑，但沒有看到的有時才是實相。就像香港造型師。當我這麼想時，就不再困惑集造型專業與才華的她，還未走過低潮，已決定在高潮畫下句點。

女強人神色匆匆走到我面前坐下，難為情的說，遲到了，我微笑抬頭看她，「沒關係，我剛來不久，先點了咖啡。」女強人，科技業老闆娘，40 歲左右，約 164 公分，穿黑色七分袖有腰身西裝短外套配同色短窄裙，內搭一件米色薄透圓領上衣，依稀可見渾圓豐滿的上圍，白皙肌膚，纖腰，雙腿修長，蓬度層次中短髮，圓臉，配上會笑的眼睛，給人一種親切活潑感，看不出商場精明幹練及銅臭味的氣息。好的長相，能在初次見面獲得好感，贏在起跑線上，是當時我對她的印象。

女強人說話時會笑笑的頻點頭，給人一種很客氣謙卑的態度。她告訴我看到媒體報導，找到我的聯絡方式。約我前，她告訴朋友，朋友跟她說，我的客戶都是大牌藝人及大人物，不會有時間接普通人的案子，所以拖了好幾年

才找我。她先放低姿態，讓我不好意思回絕，以退為進也是一種策略，無怪乎事業如此成功；先天條件決定優勢，後天的人際應對，為她攻占山頭。

我和她約在複合式精品店試衣，她永遠都是笑笑的，說話客氣謹慎，帶點慵懶感，有時還會有少女無知的眼神看著我說：「真的嗎？我都不知道。」很難想像她是帶領眾多男性員工及商場上的佼佼者，很可能以退為進，能收攏更多人心，攻掠更多城池。這款女生的說話方式和神情，搭配十足女人特徵的身材，是熟男殺手。

某周末，服務時間快結束，她關心的問我：「等一下工作結束要去約會？」我隨意回聲「嗯」，她繼續試探似的問：「跟男朋友？」

「不是。」

她接著問：「女朋友？」

我輕回：「對。」

她隨即熱情的邀我和女友人一起共餐，她的誠意與口才，讓我很難拒絕。成功的生意人，都有一套讓人無法說不的能力與魅力。

用餐期間，她開玩笑似的對我說：「你的

樣子，很多老婆會不敢讓你服務。」

我不以為意，噗哧一笑，「我？」故意提高聲調。

我的好友倒很認真的回她：「她才不會，你想太多了。」

「講一个影，生一个囝（台語）。」（注2）貼切形容她的想像力。如果不是周刊報導她介入別人的感情關係，很難聯想她是一個既強勢又不畏世俗眼光，先斬不奏的人。

小時候很怕狗，看到狗對著我大聲吠，我會尖叫，動也不敢動，阿嬤就會拍拍我的肩細聲說，「戇囡仔，免驚啦！會咬人的狗袂吠（台語）。」長大後，才明白阿嬤的話意；看人不是看表面，有時內與外，大相逕庭。

（注1）台語古諺。陰鴆：陰沈、陰險，從外表看不出裡面真正的情緒。攏：都、全。袂吠：不會叫。謂陰陰沉沉的狗，咬人都不會叫。比喻心機深沉的人，害人也默不作聲。

（注2）比喻有的人腦洞開很大，非常會編故事，說的人才說了頭，聽的人便加油添醋到已經偏離事實，講給別人聽。

造型不能與可能

> 造型只是交友通行證，不是結婚直達車。我更發現在愛情的選擇題上，有些人早被神祕的審美觀決定，只能畫叉或畫圈。

　　凱絲有天非常急迫的到公司找我，一進門像害羞的少女，欲言又止，我看出端倪，請她入內。她好像有所求，又有點不好意思，我請她先喝杯咖啡，放了爵士音樂，兩人坐在自然光加紅藍燈光吧檯，輕鬆隨意，讓她把話說出來。

　　凱絲跟我講了有關她可能的愛情故事。當女人愛上一個男人，男人的一舉一動，一言一語，都成為愛與不愛的重要線索。

　　凱絲對我出了一個謎題，而我樂意解謎。她，42 歲，158 公分，巴掌臉，皮膚偏黃，五官淡淡的，很瘦，胸部豐滿，穿淡橙色無袖圓領層接式彈力網布長洋裝，隱約可見她漂亮的上圍。整體看起來氣質淡雅，跟她急躁的個

性有些反差。

　　凱絲來自優渥的家庭，父親是企業家，她在家族企業工作，排行老么，三位兄長都已成家。

　　凱絲找我的目的：希望透過造型，讓她愛情更順暢。造型雖然可以改變外在及增加自信心，但圓滿的愛情，需要兩人有心、同心與努力。我只能盡力做好本分，思量她人生的可能性，把是非題拆解成選擇題。

　　凱絲告訴我，她認識一個從事金融業、小七歲的男生，兩人認識半年，她對他極度有好感，男生似有情又無意。

　　她緊皺眉頭神情困惑的對我說，每次見面都是她主動邀約，男生從不拒絕，曾刻意安排在住處用餐，除了小小肢體接觸，他也沒有進一步的親密行為……

　　我笑笑回她：「這男的很紳士，不錯喔。」

　　她看著我沒好氣的說：「如果這樣下去，就沒有發展的機會。」

　　女人喜歡男人，適當主動之餘，更希望佯裝被動。

　　我思索她的話語，還來不及回應，她急著

說，他喜歡有品味的美女，希望我的專業可以幫她變得更有型更有魅力。

我點頭表示了解，不疾不徐解析她的問題：變得有型，沒問題。

品味也是一種態度，好的品味，可透過學習養成，落實在穿衣打扮及生活上；魅力，除了穿衣打扮，還包括臉部表情、目光接觸、肢體語言、說話聲調、儀態、神韻、學識、涵養，個性也占重要的一部分。

我具體說明，希望她放慢腳步，以退為進，為愛伏筆。

某天凱絲約心儀男到我公司，要我鑑定一下。心儀男，175 公分左右，不胖不瘦，白白淨淨，斯斯文文，五官清秀，看起來像 ABC，有些靦腆。

我請他入內到 VIP 喝咖啡，他堅持坐在一進門左側紅色長沙發上；這是賓客入內時換室內拖的位置。

許是進門後，發現氣氛有些正式，還要脫鞋換拖就作罷；也可能面對造型師擔心被打量，有些不知所措；更可能警覺到這是鴻門宴，沒有誰要殺了誰，而為一樁可能的戀情驗證。

我與他在進門玄關處聊幾句，他神情有些不自在，坐也不是站也不是。

凱絲略帶嬌羞甜笑的跟他說：「進去喝一杯咖啡啦！」

心儀男為難的說：「下次吧，待會兒還有事。」同時接了通電話，「對……在門口。」

說時遲那時快，一部轎車停在公司門口，他立馬站起來，看我、也轉頭看向凱絲羞澀的說：「下次有機會再來拜訪，今天真的有事。」點點頭尷尬的笑笑，隨即上車離開。

我看著他的背影，心想，他無心赴宴、更無心作答。

凱絲問我，他們有發展的可能嗎？

我用專業的說法直述，「你們認識半年，他對你有先入為主的觀念。金錢無法買回第一印象。如果一開始，他對你的印象止於一般般，沒有觸動到想追你的那顆按鈕，他下意識把你歸類在朋友區，只是等級不同。造型後你變得更知性有型，但他已設定好的認知，需要時間修改。」

就像喜歡使用 Apple iPhone 的人，要他對 Samsung 手機有好感也要時間。人與人的緣，

天時、地利也得人和，缺一不可。

　　我接著如實說，「找欣賞愛你的或兩情相悅，會比找你愛的人交往來得輕鬆。」希望她順勢而為，不要逆流而上。

　　她若有所思，幽幽的說：「如果在認識他之前給我做造型就好了。」

　　我不置可否，補了句，「就算第一次見面他被你吸引，也不代表，你們的愛情就會順利圓滿。」造型只是交友通行證，不是結婚直達車。命中有時終需有，命中無時莫強求。

　　幾個月後某天，我正準備下班，凱絲帶著一位熟男到我公司，喜氣洋洋，神清氣爽。

　　她跟我使眼色，我讀出她希望我多留一會兒，我請他們入內，三人在吧檯喝茶聊天。

　　熟男 50 歲，約 173 公分，中等身材，戴一副無框眼鏡，酷酷的，從事設計工作，離過一次婚，沒有小孩。

　　他們兩人互動自然，當凱絲眉飛色舞的說，熟男就只是聽，眼神充滿愛意。凱絲甜笑又假裝不耐的對我說：「他每天一封情書，真煩，但被誠意打動，才決定跟他交往。」

　　愛情面目變幻萬千，「煩」是其中一種偽

裝⋯⋯，常說戀愛的女人最美，我倒認為兩人彼此愛戀與契合最美。

雖說美好的造型不能吸引每款男生，但弱水三千，只取一瓢飲，就像凱絲失之心儀男，收之真命天子。

我很欣慰凱絲造型後，能真實作自己，也找到欣賞她的人。我更發現在愛情的選擇題上，有些人早被神祕的審美觀決定，只能畫叉或畫圈。

PART-2
時尚的靈魂與訣竅
The Road to Fashion

鞋子與人

鞋子要好好養，才會好穿。穿一雙好鞋如結交好友，
不經磨合，怎知個性凹凸與對應。

我的鞋櫃和大多數人一樣，就設在玄關
處。脫掉室外鞋，趁著鞋子還熱呼呼，拿起白
棉紙塞入鞋內，讓鞋子保有原來的樣貌。始
終如一：脫鞋→塞棉紙或鞋撐→擦拭→放回鞋
櫃。像軍人般，照表操課。所以，我的鞋一穿
十五年。

小時候最愛偷穿媽媽的高跟鞋，走著走
著，走進時光隧道，恨不得馬上長大。殊不知
長大是一條單向道，我的腳，也只有在它的童
年時期，把媽媽的鞋當作了車。

上大學時，高跟鞋成了我的最佳戰友。常
穿著最愛的一雙鞋：一條條交叉纏繞到腳踝上
六公分高的高跟鞋參加舞會。它的纏繞同時也
在釋放，綻放小腿的曲線與柔淨，總覺得女人

穿上高跟鞋，才能風情萬種，受到異性的注目；就像灰姑娘穿上玻璃鞋，遇上白馬王子。

時空轉移，現在的我，對於穿高跟鞋很糾結。多年前的舊傷，醫生叮嚀：不適宜穿高跟鞋。從此高跟鞋被我束之高閣，平底鞋成了我的最愛。真是人算不如天算。

一如往常的，幾個步驟後，將鞋子擺放在它們應有的位置。一雙多年前在英國買回來的黑色馬丁鞋，哀怨的看著我。仔細打量，同樣一雙鞋，二種心情。當年千里迢迢，從英國帶回台灣，現在卻棄如敝屣。女人心，海底針。

幾天前，看到從事精品業的朋友，穿了一件黑色棉質短洋裝，搭配黑色短靴馬丁鞋，穿起來輕輕鬆鬆、帥氣又有型。勾起被我冷落在鞋櫃的同款鞋。

我好奇的問她：「夏天穿馬丁短靴不熱嗎？」

她瞪大雙眼回我：「不會啊！好好穿。」我正思索著她的回答，她接著說：「開始穿的時候很硬，不好穿，要穿厚襪子。穿一段時間後，皮變軟，就超好穿。」意思是，馬丁鞋要好好養，才會好穿。

為了讓我的舊愛變新歡。一星期穿三次，已經持續一個月。我發現，當我打心底接受它的硬脾氣；它變軟了。當我不挑剔它的重量，穿起來也不覺得重了。

我不禁想：這麼多年來，對它置之不理，原來是不走心。穿一雙好鞋如結交好友，不經磨合，怎知個性凹凸與對應，像倒吃甘蔗一樣。

同樣是黑色平底短靴，不同個性，產生不同命運。

我的另一雙短靴已經有十五歲高齡，依然被我寵愛著。它的個性溫柔體貼。穿上它，我上山下海、南征北討，全不費力。

它是一雙由牛皮製成；很有柔軟度，好穿又耐穿，高度正好遮掩我過度瘦削的下半截小腿。套句話說：宛如青梅竹馬、換帖之交，跟我八字很合。

當它芳齡十三的時候，我穿上它去中國旅行。途中，鞋底開了口；這已經是第三次開口。朋友好心提醒：「你穿夠本了，這次可以扔了。」天底下沒有不散的宴席，這個道理我懂，但不忍心！

當我走到垃圾筒旁，正要丟時，感覺它好像對我說：「不要丟下它。」

我的足心與鞋心，心心相印幾千個日子了，我踩它、踏它，而今卻不允許它告病或告假？為了不讓它流落異鄉，決定把它帶回台灣。

回台後，找了專業的修鞋師，用車線的方式修補。它回到我的鞋櫃裡了，沉默但又精神奕奕的與其他鞋子站在一起。現在，它還是我的最佳拍檔。

鞋子和人的關係，就像跳華爾滋，也像打太極拳；跳得太快、打得太急，都會出岔子。也需要經過相處、了解、磨合、妥協、到真心接受，才能走得順利、長遠。所謂路遙知馬力，日久見人心，這句話套用在鞋子上也很貼切。

每雙鞋都有一個里程表，那是人們跟它們的私密，並且也是閨密的。

女人的衣櫥祕密

衣櫥之於女人，不只在裝衣服，還裝了想像、喜悅、壓力、不安、困惑與罪惡感……

女人的衣櫥，有顏色爭寵、有高低音喧嘩，更標榜了購衣的各種旅行，無論是長途還是短途，一打開稀里嘩啦，有著不同的衣物等著去追尋與探索，也包含了困惑、不安與罪惡感。那是女人「役於物」證據，但也是美的「發現之旅」。

小時候，沒有自己衣櫥的概念。妹妹、媽媽和我的衣服都放在同一個衣櫃裡，不分彼此；自由選擇。媽媽的碎花紅圍巾、妹妹的紅色毛呢短外套，都成了我的囊中物。它也是讓我變身的百寶盒。

讀國中時，家裡搬新家，我擁有了第一個專屬衣櫥，木質衣櫥，附著在牆壁上，約 240 公分寬、240 公分高。除了擺放我精心挑選的

衣服，還有被我分解下來一片一片的衣服「殘肢」。

我思索著：不完美也是一種美。衣服帶點殘、留一些缺，是僵硬版圖的破格，有些男士的衣服故意於肩口上，留一截棉線，男人穿上身，他跟衣服，都有點等待被完成的意思了。

北上上大學，在外租屋，一個小小的空間，佇立著粉紅色小碎花塑膠拉鏈衣櫥。裡面衣物不多也不少，白襯衫、牛仔褲占大多數。一副文青少女模樣。

進入職場，成為專業造型師，看到各款的衣櫥，心有戚戚焉。衣櫥之於女人，不只在裝衣服，還裝了想像、喜悅、壓力、不安、困惑與罪惡感⋯⋯。一樣米養百樣人。

我有一個朋友，有句名言：「腦子裡裝的東西，比眼睛看到的重要。」意思是，內在美更勝外在美。

她的衣櫥只裝著幾款需要的衣服；3～4件基本款素色洋裝、2～3件白襯衫、3～4件九分直筒褲和牛仔褲、2～3件外套⋯⋯等，只要購入一件新衣，必定淘汰一件。她的衣櫥，清幽、舒爽；她與衣服的關係，簡單、利

落，不帶情感。一副俠女風範。

美美的衣櫥正好相反。每季必購流行款：衣服、包包、鞋子、太陽眼鏡……等，衣櫥空間有限，無法負荷這些行頭，所以採用「適者」生存、「不適者」淘汰的方式。

我打探的問：「這麼多衣服，穿得完嗎？」

她皺著眉頭回我：「很多衣服連吊牌都沒拆下。」

我不解，不穿，又買，這樣不是很浪費？

她略有遲疑的回應：「所以也捨不得送人，只好把它們賣給二手店。兩季都沒穿，就符合被出局的標準。」

這應該是「食之無味，棄之可惜」的最佳表述，所謂的「適者」、「不適者」與衣服何干？是我們在內心裡，塞了太多的衣櫥。

從事專業造型師多年，我發現，20 歲左右少女，衣櫥裝滿了舒服好穿的衣服：棉T、短褲、短裙、夾克、牛仔褲、牛仔裙、棉質素色或格子襯衫等，以休閒服為主。

年輕就是美，衣服不過是附屬品，青春與自信才是王道。

25 ～ 30 歲左右，開始存放較女性化或專

業的洋裝，例如：雪紡膝上洋裝、具挺度布料的直筒式洋裝。自覺是女人，及想展現專業形象。

35 ～ 55 歲左右女子，衣櫥的內容物，就五花八門，各式風格都有。俗話說：「女人四十一枝花。」正是妖嬌美麗，風情萬種。

年紀彷彿台階，每踏上一層體會不同，觀看的、以及被觀看的角度，也都不一樣。

我有一位客戶，她的衣櫥是圓形旋轉式的。裡面吊掛的衣服款式：性感、個性、龐克、優雅、端莊，甚至民俗風格。每當挑選衣物，轉動圓形鉤環，顏色、款式、季節，真的就像亂了套的合唱，讓她無所適從，要我好好幫她分類、整理。最終目標「大量淘汰」。

我貼心提醒，很多衣服都在良好的條件，不留，可惜。她直率的告訴我：「不想讓老公知道，買了太多衣服。」她接著說：「看到太多衣服，有罪惡感。眼不見，心不煩。」漢語俗語「眼大肚子小」，正是她的寫照。

衣服如美食，已經吃不下了，仍習慣在白色瓷盤上，多擺一副刀叉。

服裝與偽裝

情緒可以管理，印象也是，透過有效的整治服裝與化妝，魔鬼可以變天使，放浪女也能成淑女；人，原來是可以訂作的。

　　她穿著白色長袖雪紡長洋裝，長頭髮，一雙慧黠的眼睛，甜美的笑容帶一點靦腆，說話柔柔軟軟的，看起來清純可人，水一般，把她自己跟周遭都洗滌乾淨，不像其他政客，張牙舞爪，穿著硬挺布料的褲裝，說起話來，不是你死就是我活的殺氣。

　　她打扮素雅，色調安靜，衣款不浮誇且略帶保守，加上談吐斯文有教養，如果沒有光碟事件，很難想像，她周旋在六位男子之間，對他們都專一，也都不專一了。

　　俗話「恬恬吃三碗公」，她窈窕美麗，食量肯定不大，但對於愛情、或者自以為是的愛情，卻極有胃口。

　　服裝心理學家提到，有些女人為了掩飾自

己濫情，在穿著上，會刻意保守斯文，更可能深解男人在愛情版圖的攻掠角色，讓保守成為偽裝，激發男人追求意志，而沒有情感經驗的女生，為了不想讓別人發現她的青澀，反而會穿的老練些。有一部電影《雙面嬌娃》（Co-ed Call Girl, 1996），故事女主角與專家所描述的心理不謀而合。

讀大學時，班上愛跳舞的女生同學，常會邀約到地下舞廳跳舞。幾個小女生，刻意打扮成熟，濃妝豔抹，穿著裙裝，踩著高跟鞋，再裝出一副很世故的樣子，怕被認出涉世未深，招來愛情騙子。其實騙子，最能看出端倪，否則他怎麼騙人？我們機巧使盡，反倒破綻百出。

然而，大多數的人會對他人的外貌或打扮，假設一些關於他們的故事，「想當然爾哪」，結果，常令人跌破眼鏡。

我走進巷子，進入一間知名的修改衣服店。大聲喊：「我要改衣服。」

老闆娘探出頭來，冷冷的表情說：「進去裡面穿。」

當我穿好走出來，對著全身穿衣鏡，臀部

左擺右擺，又向前走兩步，像走伸展台式的步伐，確認我要的褲長。

我聽到甜美悅耳的聲音，從左邊傳來：「你好漂亮。」

我本能的轉 45 度角（這是我漂亮的角度），禮貌的向店內另一個客人說：「謝謝。」臉上掛著自信的微笑。

窄小的空間，不用刻意，一進門，我已經看到她——電視圈甜姐兒的媽媽；1970 年代家喻戶曉的閩南語花旦。

她穿一件米白色輕薄長袖襯衫，淡卡其色及膝 A 字裙，裸妝，沒有刻意梳理過，但有點層次和蓬度的及肩髮型，笑臉吟吟，讓人如沐春風。她給我很好的第一印象，不是因為她讚美我，是她的穿著打扮，和散發出來的氣息。

五官不是很突出，搭配起來很順眼，淡淡的美，眼神很溫和，不具殺傷力。沒有豔麗女人的氣勢壓力。和媒體對她兩次介入別人婚姻的報導，感覺差很大。

女人對這款樣貌的女人，比較沒有防備心，也是男人心目中的賢妻良母。小三應該是

帶點邪氣、妖氣,走性感火辣路線,眼前的「小三」卻很出塵,連自我保護都顯得困難,遑論「介入」?

「介入」,這個剛硬、鴨霸的字眼,與她的外表是完全絕緣了。

我想到小時候阿嬤常說,買水果不能看外表,橘子要選粗皮才甜、皮薄漂亮的不甜;芭樂要買皺皺的皮像蟾蜍,肉質才細。

我思索著:我們的穿著打扮會透露重要訊息(也有可能是錯誤訊息),性別、年齡、社會階級、出身、職業、個性、品味、性渴望,甚至是心情。如果外觀提供一個線索,貼近我們的心靈,那我們就能學習透過外觀裝扮,控制給予他者的印象,並且進一步掌控別人對我們的回應。

情緒可以管理,印象也是,透過有效的整治服裝、為臉蛋調色,魔鬼可以變天使,放浪女也能成淑女;人哪,原來是可以訂做的。

被遺忘的錶

物與人的關係，可以透過心境轉換情境，更可以用愛與感謝找回初衷，召喚過去。

　　我注視著曾被我鍾愛和炫耀的 Cartier 卡地亞 Pasha 錶：淡橘色底、配上灰色細線條，組成小格子圖案錶面；不繡鋼自動發條，上發條處，有另一個小蓋子蓋住。每當調整時間，往後旋轉小蓋子，一打開，垂吊下來的小鍊蓋，像在宣稱它的獨特性。

　　2000 年，這款個性化大錶面鋼錶正夯，國外時尚女生都佩戴。那是個摩登符號，明星、藝人以及企業新貴等，都對它情有獨鍾，像審美場上，每個人都給同一位佳麗高評：她的五官、骨架以及眼妝等，成為最有共識的審美原則。比如我們都喜歡的林志玲、林依晨，而這款錶，最像搖滾造型的舒淇了，穿皮褲、搭金屬配件，看似高調，而其色彩、設計與剪裁，最早是在滿足自身的叛逆以後，才漸漸有

它獨到的「跋扈」。如果叛逆的錶是卡地亞 Pasha，那林志玲就屬於我的另一款錶卡地亞 Tank Américaine；18K 細小長方型，黑色皮錶帶，優雅、沉靜，有淑女的氣韻，至於林依晨則像蕭邦 Happy Sport Automatic 錶；內有一動就會跑動的小鑽石，快樂、溫暖與純真。

與 Pasha 鋼錶熱戀時，每日形影不離，熱絡的向客戶及朋友們分享它的風格及搭配方式；黑色褲裝或裙裝（黑色是當時最喜愛的服裝顏色）配上它就有亮點。我的手腕纖細，戴上 Pasha，它的龐大氣勢淹沒了不協調的畫面，猶如戰士的盔甲、超人胸前的「S」，讓我一下子精神起來。

友人皺著眉頭，不解的問：「這麼大的錶面，女生適合嗎？」不等我回答，接著說：「尤其是你的手腕特細，這樣不會怪嗎？」

我回她，能駕馭不適合的服飾，碰撞出衝突的美感，才叫「型女」。和諧是設計的常見精神，但是衝突，是設計的出位與再融合，前者是現代主義，後者便是後現代了，在破壞中建設。我的回答既專業又有自信。背後隱藏的真相是「炫耀」。

　　當別的女生還在配戴小錶面的錶，我與眾不同，已戴上超大錶面國外流行的中性錶，適合與否，顯得微不足道。當我回家後，退下那只巨大鋼錶，常常想起流行與我，就像緊箍咒與孫悟空；我想掙脫，卻始終難以擺脫，只是當我調用專業知識侃侃而談，總能把方的說成圓。不久，鋼錶退流行，我從如獲至寶的興奮，到索然無味、視而不見，賞味期僅僅一年。現在已成為最熟悉的陌生錶。

　　距離上次的注視，已是 18 年，俗話說：「一念天堂，一念地獄。」同樣錶兩樣情，

「愛」又「不愛」。愛時，輕如鴻毛，大得有特色；不愛時，重如泰山，大得很累贅。

流行這個字眼，像吸嗎啡一樣，讓人神志不清，高潮又低潮。

我拿起久違的卡地亞 Pasha 鋼錶，上了發條，戴上手腕，秒針在跑，像在跟我打招呼。我用單純的心和雪亮的眼睛，跟它交朋友，它很大隻，和我細瘦手腕風格不合，就像當年友人對它的評價。

我思度著物與人的關係，透過心境轉換情境，可以用愛與感謝找回初衷，召喚過去。我、跟不同時期的「我」，透過一件物品說話，可以是「同是天涯淪落人」，更可能「驀然回首，那人卻在燈火闌珊處」。

我、物、以及我，是一本打開的立體書了。不像人與人，強求不來，再努力也是徒然。就像夢醒時分。

時尚流行常讓愛美人士暈頭轉向，我也不例外。「炫耀」的閃光，讓我雙眼模糊，名牌的氣勢，阻礙我的感受。我佮意（台語）的物品也有潮汐，隨著熱潮轉淡，「愛」衰減成「唉」。唉，南柯一夢。

愛情大小包

心理學家研究指出，想談戀愛及定下來的女生愛拿小包，反之，獨立女性，則偏愛大包。

他牽著我左手，天冷冷的、心暖暖的，腦子空空而幸福滿滿。一種天長地久的意思了。

我右手拎著 Prada 手掌大的小水桶包：不鏽鋼圓環提把，白色牛皮，鑲嵌兩種不同大小的長方形和小圓形；黑、黃、綠和淡可可色壓克力寶石，分布在正面、背面和側邊上。走在好比鋪滿雪花冰的街道上，周遭彷彿凍僵定格，只有我和他和它的存在。我們的天長地久，是正在默念的童話。

那年紐約很冷，零下幾度 C，也是十數年來最大的風雪。大雪紛飛，雪跑進我眼裡，化成亮透的閃光，像天上的星星一閃一閃，和彩色壓克力寶石小水桶包相呼應。

鼻子凍紅了，鼻水發出聲響，阿嬤以前誇

我是「虎鼻師」（注），廚房有什麼好料，一進門就知道，現在回想，那晚鼻子的聲響是個預兆。我聞到我跟他的未來。

穿著黑色高領毛衣、連帽鋪棉長外套、合身牛仔褲、黑色短靴和喀什米爾灰色手套。

按照我穿著風格，這身裝扮理應配上大包、或中型尺寸包款，才能容納屬於這套款式的利落、獨立和安全感；而今有了他，他就是我的利落、獨立和安全感，我改搭低調奢華、純淨又柔弱的 Prada 白色小提包，他是天、我是地，我們是和諧的原野三重唱，天地之大，何需用大包去裝載。

第一次與 Prada 白色小水桶包相遇，在紐約蘇活區 Prada 旗艦店，一進門，大塊黑白相間正方形磁磚，絢麗有個性的閃出光芒，黑白格菱紋的牆面，右側寬敞樓梯鋪著光滑木質地板，營造冷冽與溫暖的兩極，像進入迷宮，讓人暈眩。

它被擺放在正門口一進門，正中央的陳列架上，小小軟軟又堅實的挺立在高處，自信而有神韻的看我，像在給我打暗號：戀愛中的女人，小包足以收納你的彩色人生。

我詢問店員：「可以試拿嗎？」

她回應：「可以。」同時用她戴了潔白手套的手拿了起來，遞給我。

我拿著它，心裡嘀咕著：小小的，像玩具包，怎麼裝東西？一面對著鏡子左看看、右看看，臉上不自覺掛著滿足的笑容。

老人家常說，嫌貨人才是買貨人，貼切描述我的心情。

售貨員微笑對我說，這個包包跟我的風格很搭；清新、甜美又時尚。

我納悶：「甜美」怎會和我畫上等號？我一直以「個性」著稱，喜好褲裝，提個小小包，不是太矯情了？

她察覺到我的疑慮，接著說我滿臉春風，一身柔和氣息，戀愛 ing，與白色底彩色寶石配搭的設計小包，氣質吻合。

原來戀愛中的女人，會因費洛蒙而削減剛硬，變得甜美又柔軟。怪不得小包與我，顯得如此合拍；你泥中有我，我泥中有你，就是這個道理。

也許，愛戀讓人陶醉，連小到放不下小皮夾的包，都覺得你儂我儂，它成為我入行第一

個小包，也是最後一個。

　　心理學家研究指出，想談戀愛及定下來的女生愛拿小包，反之，獨立女性，則偏愛大包。與我有男友時拿小包，順理成章，而單身時，小包之於我，卻有種不踏實的感受，不謀而合。

　　紐約之行後，我凍紅的鼻頭提出的預兆成真，童話翻了一頁又一頁，單身如我，是一本新開的書，也是自己的一座山，需要大包承載一切的喜怒哀樂，弱小的 Prada 白色小包，與我格格不入，被閒置在衣櫥間，層板上左邊第二格，只供陳列，從未與我同行。當年提著它天涯海角，矢志不渝，對照今日，天壤之別。真是此一時，彼一時。

　　我偶爾仍會看見它，挨擠在其他包包後頭，從一個縫隙中露出白白的模樣，猶如那一晚的紐約大雪，我們走在雪地的鞋印，大大小小、左左右右，那麼可愛、那般無辜。大雪之後的大雪，掩蓋了足跡，真的，推開隔天的窗看紐約，世界柔而白，彷彿初生。

　　我忍不住取下小包包，看它、看那場大雪，以及大雪中的我們。純粹的白色小包，經

過多年，蒙上一層黃，帶點憂鬱、滄桑。它顯得更小，裝不下我的夢想。包包上方，左右兩邊各有一條細小皮帶綁起的小蝴蝶結，探索它的空間，好小、好窄，連放口紅盒都嫌擁擠，遑論手機、皮夾、鑰匙、面紙、筆、筆記本、小香水、護手霜、保濕水等。

別問我那場紐約大風雪，與愛情何干？有時候，愛情與否，與任何事都有關、但也無關。

我，恰就是一個人、一名女子，當我與孤獨相處時，它也為我點出迷津。

雪啊雪啊，只是我的偏愛，我用它解釋，我的來時路。

注：指嗅覺很靈敏的人。延伸比喻有美食運的人，一有什麼好吃的東西，人就會出現，及時趕上品嘗美食。

頭髮的啟示

髮型訴說當事人的想法和感受。髮型適合與好惡，除了臉型、身型、職業、個性、髮量多寡，甚至與年齡及心境有關。

　　我的早晨習慣：刷牙→洗臉→洗頭→洗澡→吹整頭髮，之後用餐。家庭主婦般，全年無休，偶爾偷懶，渾身不對勁。大概是洗了髮，頭輕盈，心情舒暢。洗頭，成為每天大事，一天之計在於晨，我是在於髮，在一個似乎沒有重量、但具備質量的髮梢；那裡，住著我的啟示。

　　媽媽不認同我的癖好，常嘀咕：「早上洗頭，以後頭殼會壞掉。」我總會回：「哪會呢，愈洗愈靈光啊。」

　　我洗頭、媽媽嘀咕，這是每日的戲碼。長大後發現，愛洗頭，除了身心暢快，頭髮吹整後有型有款，穿起衣服來更好看。身體清爽加上美的力量，洗頭為每一天醍醐灌頂。

除了洗頭，我對頭髮長度也很在意。凡是經歷過「髮禁時期」的女生，一定都記得，學校規定髮長得在耳上 1 公分。念國中時，常為了 0.1 公分的長度，跟教官錙銖必較，殊不知，一丁點兒的差距，像在水面上寫字，寫了看不出來，不寫，卻是自己難受。

成為造型師後，除了執著頭髮長短，並留意頭髮蓬鬆度。美感提升及自我了解透澈，愈能覺察頭髮除了長度、線條剛硬與柔和，會決定風格走向。髮型更是整體造型成敗的關鍵，不適合的髮型會把美女瞬間變醜，反之亦然。

差之毫釐，失之千里。頭髮，是女人的第二生命，長髮為君留抑或為君剪，頭髮長著女人的心情。

髮型適合與好惡，除了臉型、身型、職業、個性、髮量多寡，甚至與年齡及心境有關。

以我為例，剛從英國學成歸國，一開始幫歌手及藝人做造型，為了方便打理和省錢，及考量臉蛋瘦削和身材纖細，留耳下 4 公分的學生頭，清新又利落。幾年後，客戶漸漸多元，包括電視主播、主持人及政商名流，為了展現

專業形象，並凸顯個人風格，把稍自然鬈的頭髮平板燙，並留長至頰下 4 公分，成為直且剛硬的學生頭。這幾年心態轉變，女生要有女生的柔美，才能以柔克剛，反倒鍾情有些蓬度，及不短於下巴下 1 公分的髮型。

髮型訴說當事人的想法和感受。又直又長的剛硬學生頭，為我表達幹練、效率與獨特性；柔和線條，傳遞準備擁有伴侶的訊息。我有意識的選擇髮型，內外合一，學生頭成為我的偏愛。

Lady G 是我多年的客戶，36 歲、163 公分、身段窈窕、長髮烏黑、巴掌臉、容貌秀麗、知書達禮，有教養又秀氣。她剛找我服務時，特別叮嚀，頭髮不可剪短，因為老公不喜歡，也不可以燙髮，自己不能接受。

我秉持以客為尊原則，Lady G 幾年來都是肩下長髮且不燙髮。客戶的偏愛未必吻合專業審斷，但我努力讓楚河與漢界，不要真的隔一條河，而只是一條線。

常聽人說女人生產後，身材會有大變化，我碰到的幾個案例，生第一胎，身材恢復宛如少女，第二胎保養得好，身型依舊美好，生第

三胎，骨架則變寬了。

　　Lady G 在第三胎後，肢體粗壯，努力節食、瘦身及運動，骨架仍比以往壯碩，顯得臉蛋更小。我建議燙髮，創造蓬鬆感讓臉蛋與身型調和。Lady G 臉露為難，我接著說：「透過頭髮蓬度，讓頭、身比例協調，看起來瘦些。」她意識到我直指核心，勉為其難的說：「燙後不能老氣，還要好整理。」我欣喜，幾年的努力，最終打破她不燙髮的框架。

　　幾天前，找名髮型師 Andy 為我剪髮，我如以往叮嚀，頰下 1 公分，他點點頭，精熟持剪。

　　我們閒話家常，聊他難忘的馬爾地夫旅遊，海上別墅、白沙灘、浮潛、衝浪、海洋生物與珊瑚礁等，推薦我一定得去。

　　我禁不住拿起 iPad，展示 24 歲在馬爾地夫度假拍的照片，頰上 4 公分俏麗短髮，身穿輕薄棉麻短袖白襯衫，左胸小口袋上印有帆船、珊瑚礁構圖的圓形圖案，襯衫下襬交叉綁起，搭配同款圖案的棉質短褲，踩夾腳拖、一腳彎起，貼靠在白沙砌成的長方形矮牆面，我與我的 24 歲在馬爾地夫，我與我的馬爾地夫，

一直都在 24 歲。

　　Andy 看了照片，停止雀躍談論，專注剪髮，我喃喃自語，年輕時喜歡超短髮型，成為熟女後，留太短的學生頭有些剛硬了，說時遲、那時快，一堆頭髮從我左方掉落，我有不好的預兆，不敢抬眼看鏡中的自己，右手拾起一撮約五公分長的頭髮，故作鎮定，忍不住偷瞄已被剪成左邊頰上 4 公分、右邊頰下 1 公分的學生頭。幾公分的髮長，對髮型師來說不痛不癢，對女生卻是寸土寸金，我哀悼般，默不作聲，向已留了多年的髮型告別。

　　Andy 專注剪髮，接著剪掉右邊，我堅持的頰下 1 公分頭髮，與左邊對齊。Andy 是堅持專業，還是看到照片的靈感？我五味雜陳，皺著眉頭說，「怎麼變這樣，超短的。」他輕鬆回我：「這個長度好看。」我欲哭無淚，為了不讓他有所顧忌，我告訴自己頭髮剪短會再長長，不像潑出去的水，收不回來。當我這麼想時，頰上 4 公分的髮型，變得輕快了。

　　我想起譚崔創始者薩拉哈和女箭工的故事。有一天，薩拉哈在靜心時，看到一個內景；市場上有一個女人，將成為他真正的老師。他

到市場，看到這個年輕女人，正在修箭柄，她不向右看、也不向左看，只是專心做箭。她的「在」有某種特別的東西。當那枝箭準備好，女人閉一隻眼睛、另一隻張開，瞄準一個看不見的目標。它像一個交融。

薩拉哈從未有過這樣的感覺。在那當下，他在心靈上所做的努力突然有了啟示，首度了解儒家所說的中道，意味著鐘擺就只是懸在那裡，既不偏右、也不偏左。他聽斯里克爾提講過很多次，也跟很多人辯論過，處於中道才是正確的。這是他首度在行動中看到它。

箭，作為一個武器，有它們的方向，中庸之道並不是一個武器，無法瞄準，只能感受。頰下 1 公分、頰上 1 公分，以迄下巴上 4 公分，這短短幾公分，就是我的執著。它們圈圍我，控制我的感受。

我欣喜讓 Lady G 接受燙髮，跳脫藩籬，卻不知我也是自己的囚犯，直到別無選擇，讓髮型師剪掉頭髮，這才打開枷鎖，遇見了久違的自己。

氣息在說話

> 香味好比衣服版型，合身，讓觀者賞心悅目，反之，
> 則難以招架。香味更是一款角色，就看使用者與它能
> 否內外相搭。

　　1988 年，與友人到巴黎旅遊，走入五星級飯店電梯，迎面見一位男士斯文有禮，與我點頭微笑，身上散發一股濃郁的、無法正確辨識的古龍香水，吸引我不由自主的偷偷打量他：雙眼深邃，鼻子高挺，薄薄的嘴脣，藍灰眼睛，身高 176 公分左右，不胖也不瘦，感覺是法國人，穿白底藍綠格紋襯衫，搭配中灰色圓領喀什米爾毛衣、深藍色燈芯絨長褲、麂皮樂福鞋，像銀幕中走出來的電影明星，很帥，有點不太真實般。

　　在電梯裡，他的氣味久久不散，電梯打開，他走遠了，那股香味一直留存在我的嗅覺記憶裡。就像一見鍾情，很難忘記。

　　我試著去百貨公司找尋他的古龍香水

味，Giorgio Armani、Ralph Lauren、Estée
Lauder、Christian Dior、Chanel 及一些記不起
來的品牌，都沒有找到他的香味。我曾在倫敦
一間高級餐廳、新加坡某五星級飯店大廳聞過
一次，從老外身上散發出來。

　　我思忖著，這種香味如果是老中身上傳
來，還會一樣迷人嗎？香味好比衣服版型；合
身，讓觀者賞心悅面，反之，則難以招架。

　　香味如臉譜，老外適用的，老中未必合
用，香味更是一款角色，是入戲演出、或是跑
龍套串場？就看使用者與它能否內外相搭了。

　　香味感受很個人，情境與時期不同，喜好
自然有了差異。高二暑假，到台北表姊上班的
公司打工，她的小老闆約 25 歲，五官清秀，
白面書生型，瘦瘦的，172 公分左右，有些靦
腆，也許是他不太說話，反而有種神祕感，對
初出茅蘆的我很具魅力。

　　有天晚上，他約我到屋頂上聊天看星星，
我聞到淡淡的香味在他身旁打旋，好奇問他。
他張開嘴呼一口氣，就是這個味道。

　　他拿起放在左手邊地上的玻璃杯，示意我
聞。玻璃杯裝的是威士忌，從此，我愛上威士

忌酒，不是要喝，而是聞它。是愛屋及烏，是愛我的雙十年華與他的二十五歲。

大二時，特別鍾情一款香水味；法國品牌 Jean Patou 香水名 JOY；很濃厚又清雅的茉莉花香味。1980 年代這一款香水在台灣很紅，擁有很多荳蔻粉絲，當我搽上，感覺自己就像瓊瑤小說裡的女主角，浪漫有氣質又充滿靈性，幻想透過迷人的香味，吸引白馬王子青睞。

香水是臉譜，更是磁場了，我跟香水彼此滲透，常讓我走啊走，便走入瓊瑤的戲裡了。

我和茉莉花香味戀愛二年，藝專畢業後不久（現為台藝大），到新加坡 Inlingua School of Languages 語言學校唸書，戀上法國品牌 Cacharel 卡夏爾 Anais Anais 安妮系列的香味；綠色植物加些百合清香，讓女人變軟也變暖，是一種會讓男生疼愛的味道，包裝盒上是淡淡綠色花開百合圖案，我使用整套組合：沐浴乳、身體乳液、香水和爽身粉，每次沐浴後整套使用，總覺得自己像香妃，香氣四溢。

「Judy 來了，我聞到你的香味。」這是朋友們每次見面時，常對我說的一句話，不熟

的朋友會說：「你身上好香！」也會好奇詢問是什麼品牌香水？與品牌香水無關，與香味長期為伍有關。

香水剛開始是一種形象，被創造出來、且不斷被認同香水與人的關係，他們產生連結，香水與人，由形象慢慢具體化，它與人產生人際深度，從認識一個人的皮相，繼而了解內涵。

選用香水，像一個人在選擇靈魂。靈魂抽象難解，香水則提供一個方式，讓我們聞到它的善與惡。

我和 Anais Anais 結緣十年，也是我用過最久的味道，之後，換了 Christian Dior 的 J'adore 香味。成為熟女後，開始喜歡 Hermés 愛馬仕花園系列香水，幾年前愛印度花園香味；藍色與綠色漸層色長方形瓶身，濃烈哈蜜瓜和一點野薑花的味道，很有個性，像渴望愛又能享受單身的女人。

現在則喜歡尼羅河花園香味；淡淡的清香，有點柑橘和些許青蘋果味，有內涵兼氣質，內在寧靜又自在，渴望愛又可以一切隨緣。香水與人的緣分，就像人與人，緣聚緣散。

從事專業形象造型師多年，我建議客戶找一個大空檔，到百貨公司尋找適合的香水，最好能搭配一系列的身體乳液及沐浴乳，就可以創造屬於自己的味道。「嗅覺上的美」，魅力並不亞於視覺上的美，只是常常被忽略了，那個「大空檔」是去放空，在空白裡，慢慢的，為自己找到自己。

心理學家研究表明，人與人之間的吸引，天生體味和後天氣味，占有非常重要的比例。聞香師說，我們的身體比大腦還要聰明，對他人氣味的喜好，大腦邊緣皮層已經先接受並反映出來了，只是還沒有上升到大腦意識皮層，因此有些時候，在還沒有意識到的時候，可能就墜入愛河了。

就像當年在屋頂上，周遭一片寂靜，星星就在眼前，微風徐徐吹來，威士忌的香味更顯浪漫詩意；碎冰放在杯子裡平淡無奇，多了一顆相思豆，教人念念不忘。

衣服的表情

> 穿上衣服的，不單是骨架，更是深深的、心情的圓與
> 缺。萬物皆有情，情之所鍾，還在於我們的對待。

　　我的衣服很有感，它常隨著我的心情，變
化不同表情；當我穿上白色雪紡長洋裝與男友
在一起，它的白具備了光彩與輕盈，當我失戀
了，它卻是慘白與沉重。同款服裝，在不同心
境，涇渭分明，尤其是白色，它常為心底留白，
更易於染上心情的顏色。

　　小時候只要穿新衣，就會樂上好幾天，長
大後，除了「新」還包括喜歡與否和當下心情。
幾天前，在精品店試穿了一件卡其色絲棉過膝
圓裙，蓬蓬的弧度，很有 1970 年代的味兒；
它分量感強，穿起來重了點，還是愛不釋手，
但因價錢偏高，試了第三次，才決定買下。不
達目的，誓不罷休，照應我當時心情。

　　由於精緻面料與高價位，決定將它用於重

要場合，並購買速配上衣呈現完美造型。我思忖著，如果不是高單價衣服，我還會慎重其事的，選購一件新衣搭配？衣服的標價，常決定主人的對待方式。怪不得昂貴的衣服，會送到專業洗衣店，便宜的隨意用洗衣機清洗。人對待衣物，常以價格作度量，分別心處處都在，而且就在我們的衣裳上。

芊芊是我多年的客戶，她對於品牌很執著，愈大的品牌，下手愈豪氣，反之，錙銖必較。那天相約在某大品牌試衣，未到前，店家已備妥我們喜歡的點心與飲料，芊芊心情大好，在寬敞舒適的試衣間，每試穿一件衣服，就擺出像名模般的架勢，衣服感受到她的愉悅心情，也神采飛揚的為主人加分，形成一幅美麗的畫面。

我每好奇「大品牌」，它的「大」，成為姿態的武裝，穿上它，變身效益特別強。

我們到了另一家精品店，當天店家特賣過季商品，到處擠滿衣服，衣服也接收到將被賤價出售，一個個無精打采的或躺或站，雖是名牌，當被標售三折起，光環瞬間暗淡無光。同樣一件衣服，在不同價格標示下，身價截然不

同。它在怎麼「大」，只要過季了、沒有被衣架審慎撐著，掛在嶄亮的展示間，如王孫豪門潦倒仍帶貴氣，但也帶著酸氣。我每回看到，都彷彿聽到它們低低的呼喚。

我示意芊芊試穿一件當季知名品牌上衣：白、粉桃紅及紅色組合成的幾何圖形短上衣，芊芊心不甘情不願試穿，喃喃自語：「一點都不像高級精品，一堆衣服吊掛在一起，穿了都沒 feel。」名牌上衣接收到主人的心思，垂頭喪氣的與主人的感受相呼應。是衣服不適合？還是穿者心情影響了衣服的光采？女人的心情說了算。

早在四十幾年前，西方就有科學家以植物為研究對象，發現植物非常有感覺、感情，還會對欺騙的行為做出反應。

十多年前日本人江本勝也提出：讓水聽不同的音樂，水會出現不同的結晶型態，給水貼上「笨蛋」、「討厭」、「天使」、「謝謝」等不同標籤，還不是開口罵它或讚美它的程度，它們的結晶型態也出現殊異，而污濁環境和清潔環境的水結晶體更是大異其趣。植物跟水沒有五官，也沒有心靈，卻彷彿具備精神狀

态，回應人們給予的善念或惡念。萬物有情，情之所鍾，還在於我們的對待。

近來，我就有過一次深刻的體會。

我買了一件黑色絲棉長洋裝，當我穿著它在姊妹淘面前出現時，引起大家由衷讚賞。幾天後，我和一群友人一同出國旅遊，便將這件為我贏得諸多好評的衣服收進行李箱；但是當人在異鄉，我再度穿上它時，卻感覺整個人黯淡無光。後來回想，那次隻身出國，看著同行友人成雙成對，更顯得我形單影孤，心情難免失落，而衣服感受到我的心情，也收起它的丰采，默默的回應我的心事。

類似情形也發生在我的客戶 Jenny 身上：我為她搭配一套度假風格的造型；白色短袖棉質胸前有長方形彩色圖案，長及腳踝兩側開高衩直筒洋裝，搭配白底灰黑圖案高筒布鞋，及綠色無框太陽眼鏡，那天她穿著這套休閒風格的服裝與我午餐，不似幾天前穿搭時的輕盈與舒適，詢問後得知，當天她身體不適，衣服也由輕鬆舒服，轉換成沉重與不自在。

我不是科學家，但透過和衣物相處的過程與親身體驗，我深信靈性存在於萬物之間，衣

120

服也不例外。穿上衣服的，不單是骨架，更是
深深的、心情的圓與缺。

雪紡洋裝的啟示

> 侍候物，有時比侍候人難。人，可以溝通，物，只能
> 轉換自己的心態，否則，花錢買罪受。

　　我有一件非常鍾愛的衣服，被我關在衣櫥的深處。我能感受它的呼喚，在黯淡的一隅，微微呼吸。

　　那一年，為了第四本著作《最美‧我自信》新書宣傳，想穿得獨具風格，千里迢迢到新加坡和香港名店搜尋，最終在香港太古廣場 Chloé 專賣店與它相遇。皇天不負有心人，雲想衣裳花想容，我看到它的第一眼，依稀聽到她喊著我的名字。

　　雪紡洋裝出身名門，台灣專賣店未引進，顯得無比珍貴，但不易駕馭。芥末綠圓領低肩線六分袖，寬直筒及膝雪紡洋裝，正面和背面圖案一致：領口處 10 個圓形草綠色底，上有銀色塑膠材質小圓，從左肩延續至右肩呈微笑

曲線，往下 0.5 公分處 12 個銀色底上有鏡面材質小圓形，同樣排列成微笑線條，再由圓形及不同曲線手工白色捲線繡圍繞，最後，從左肩至右肩於胸前處呈半圓曲線。

它一直微笑著，用它的花瓣與翠綠，永遠不知道疲憊，一直對人盡表善意。24 片上尖下圓水滴形，半透明淺墨綠色塑膠材質排列組成，圖案設計非常民俗風。描述它的設計都這麼冗長，何況細膩、繁複的手工設計，怪不得身價高貴。

引人注目是洋裝正中央處，與胸前設計的圖案、材質相類似，但勾勒出似八卦大圓圖，裙襬處像山的圖案與材質，和領口另一半圓相呼應，銀色塑膠與鏡面材質，閃亮閃亮的分布在雪紡洋裝上半身與中央，穿上彷彿會行走的發光體。

我必定是想透過穿它而發光，它也希望在我身上，把它的笑靨開到最大。第一次穿為新書內頁拍照，凌晨六點在東區街頭取景。拍攝期間，小心翼翼，深怕洋裝背面淺墨綠色塑膠材質被碰壞。它是姊妹淘、是情人，我第一次留意到，它的翠跟脆，都是等量的。

　　第二次為新書宣傳，穿它上電視節目《女人要有錢》，錄影兩小時，洋裝背面水滴形塑膠材質坐的歪七扭八。我們難過的彼此相望，吵了一架般，誰都沒給誰好臉色，之後，我便不曾再穿它了。

　　侍候物，有時比侍候人難。人，可以溝通，物，只能轉換自己的心態，否則，花錢買罪受。小時候阿嬤說我：「愛水毋驚流鼻水（台語）。」但現在的我，是「愛水嘛驚流鼻水」。

　　幾天前衣櫥大整理，發現它戴上米色塑膠保護套，吊掛在內部邊緣，打開保護套，它神色黯然，有些唏噓，拿起吹風機為它暖身，卻找不回熱情。多年前與雪紡洋裝相遇，如獲至寶，成為我的最愛，初次穿，熱戀般，你泥中有我泥中有你，第二次，戰戰兢兢、溫柔細膩，深怕傷了它，之後收進衣櫥，把彼此打進冷宮。人、物情濃時，和融一體，而今各走各的路，如二條平行線。

　　貝拉有一枚一克拉白金鑽石戒指，中央主鑽爪鑲技術，出身不凡、簡約線條。每當我幫她設計造型，總要我跳過它，有一天，我將它與其他戒指混搭，她面有難色說，這枚戒指

擁有完美的切割，很稀有，戴上它有壓力，我點頭示意，轉而選了另一個由無數個小方形紅寶石鑲嵌、組成立體弧型線條的戒指搭配，她還是面露為難。看到我的疑惑，她不好意思的說，紅寶石戒不亞於完美切割的一克拉鑽石戒，擔心弄丟，也不要設計在造型裡，等重要場合再配。

很像一對新人要結婚了，父母都無法出席，雖無礙婚禮的完成，終歸少了最重要的祝福。她對兩枚戒指的在意與愛護，使她無法隨心佩戴，讓我想起鍾愛的芥末綠民俗風雪紡洋裝，都是過於珍愛而綁手綁腳。不同的是，我的雪紡洋裝在對的時機，沒有好好把握，且在時間的堆疊下，已不復當年的光鮮靚麗，而貝拉在我的專業與經驗分享後，已經和她們攜手出遊好多回，而且愈來愈速配，像歷經多年以後，最隆重的祝福還是來了。

「愛」與「不愛」一線之間，「最愛」與「受罪」也是；兩種心思，互相埋伏了，關鍵都在我們能否允它，在煦煦陽光中，給它們綠意，添加更多的微笑。

型帽的世界

愛因斯坦曾說過：「發瘋就是重複做同樣的事情，然後期望會有不同的結果。」台語古諺：「食魚食肉，也著菜佮。」這和造型穿搭有相似的意境。

真真是一位大剌剌、率直的熟女，五官細緻、秀氣，嘴唇薄薄的，鵝蛋臉，細長身型，身高 168 公分，配上工整的妝，很像 1970 年代的模特兒。

後來聽朋友說，真真年輕時曾經當過模特兒，我對自己眼光難免得意，內心小小舞了起來，但更可能，一個人能「說」的背景，遠比我們的想像更多，真真用她的骨架與儀態，道出了她的另一層經歷。

第一次遇見她，在朋友的餐會上。長長的頭髮，梳理得宜，穿淺色洋裝，很健談。第二次餐聚，她穿什麼我已不記得，但戴水晶骷髏頭圖案棒球帽，配上又直又長的髮型很有亮點，令我印象深刻。

　　我們成為臉書好友，經常追蹤彼此動態。真真聚會或出遊，不論褲裝、裙裝，穿柔軟或硬挺布料，十之八九都搭配棒球帽。也是我看過素人裡，不是為了掩飾髮量稀疏，堅持上鏡頭一律戴帽，且是同款，雖然材質、細節設計，有所不同。她應該是想透過棒球帽打造個人標籤，也清楚戴帽子與她的臉型合拍，否則那能如此堅定。

　　真真臉型漂亮，頭型也不差，身材保養得宜，戴帽子亮相能彰顯個性，但看她戴著招牌帽子出現在宴會、聚會、酒會，以及山裡、霧裡與溪邊，和山珍海味、火鍋、蛋糕等合影，剛開始眼睛一亮，幾個月後，有些疲乏，反倒期待不戴帽的她。

　　我暗忖：頭髮也需要天空與自由，讓頭與頭髮呼吸新鮮空氣，對她和它和朋友會是件美好的事。

　　愛因斯坦曾說過：「發瘋就是重複做同樣的事情，然後期望會有不同的結果。」我不知道真真的真實想法與目的，但再美的服飾一天又一天持續出現，會讓觀者變得無感，而產生排斥。台語古諺：「食魚食肉，也著菜佮。」

意思是事物要互相搭配，取得和諧關係，這種說法和造型穿搭有相似的意境。

帽子這個配飾，在造型裡一直扮演重要角色，夏天，為了遮擋熾烈的太陽，又能與高溫氣候相呼應；大帽緣的草帽、鈎針帽或防紫外線的鴨舌帽就有加分效果。冬天，冷冽的寒風與刺骨的空氣，配上羊毛帽、皮革貝蕾帽，會使旁人感覺溫暖，而成為造型最佳配角。

帽子在穿搭上，具備實質與心理意義，戴帽子也需配合場合、季節、氣候、整體風格，甚至與環境相協調，才能借力使力。所謂事半功倍。

我有一位中年男性客戶，壯碩身材，禿頭，身高 166 公分，第一次幫他做造型，叮嚀我，能把他的髮量變多就心滿意足。

我據實以告，只能請髮型師在剪髮時，運用線條修飾，以達到視覺再造，讓髮量看起來多一些。剪髮後，他非常滿意，直言大功告成，已經物超所值。

「接受」產生正能量，也是他對專業和自己的信任，他盯著鏡中的自己，顧盼自得，頭髮的重量輕薄，於他卻是顏面的重點。

　　他髮量少的事實依然存在，但新髮型與他的臉型，彼此巧妙配搭，不再有人聚焦他的髮量，而看到他的整體。之後，他從不刻意戴帽遮掩禿頭，需要戴帽子時，都是因為需求及場合，比如到郊外，他會戴棒球帽或軍帽，旅行時，鮮豔色 Polo 衫配墨鏡再搭寬緣帽等。

　　平常聚會，沒有看他戴帽子，偶爾他搭配帽子，都讓我覺得他很潮很有型。這是他的自在，使得看的人輕鬆，髮量多少已經無關痛癢。我目睹一個男人的蛻變。

　　「風飛飛，雲飛飛，鳥飛飛，心兒它在飛飛……」聽到這首歌，就知道是帽子歌后鳳飛飛。她戴帽子的形象，深植人心。

　　當她結婚生子後復出螢光幕，試圖摘下帽子標記，但粉絲包括我還是習慣和喜歡戴帽子的鳳飛飛，帽子之於鳳飛飛，像連體嬰、生命共同體，而對於她的粉絲和我，許是一種年少情懷，在記憶的盒子上，用紅絲帶綁了個蝴蝶結。

　　手機又跳出真真的動態了，這回她站上堤岸，遠方一輪落日、近處漁船三兩點，風勢應該不小，吹得她的長髮像個頑皮的鞦韆。

逆光，容貌無法拍得真確，但我一眼就能認出來，這是戴棒球帽的真真。

真真與她的棒球帽，可能是她人生的重要印記，只是我沒有參與。我依然追蹤真真，想像她不戴帽子拍照的那一天，到時候我會私訊她，關於一頂帽子的戴與不戴。

我這麼想著時，好像更接近真真了，終於也能感受到，當她戴上帽子時，有一個很遠很霧的事物，近近的，被打開了。

光色的人生

服裝顏色的喜好與使用，有時也跟氣候冷暖、心境甚至與信念有關。

「白色」是我藝專（現為台藝大）畢業後，到新加坡語言學校就讀時，最喜愛的衣服顏色；乾淨、清爽、單單純純，出塵脫俗。雙十年華的我，大概想成為具仙氣、內在通透、不受現實環境所沾染的女子，也可能是新加坡熱氣沸騰，白色衣服可以讓我身涼氣爽，就像望梅止渴；白，也是一個境界與嚮往，無塵且更接近天。

有一天，同學邀約我參加一場小型時裝秀，小小的舞台，有一件白色長洋裝吸引我；人造絲加一點彈性纖維材質，很有垂墜感，立領、長袖，腰間有一條抽繩帶，調整腰部鬆緊，裙襬 A-line 線條，長至腳踝處，模特兒行走時飄逸雅致、儀態萬千，當下決定把它帶回家。

是對白色的偏愛？還是洋裝的剪裁與設計？就像麵包與愛情、魚與熊掌，而我有幸兼顧了。

之後，每回穿上白色洋裝，總能獲得無數的讚賞；你看起來好空靈、好清新、好有氣質等。好像白色能為我洗滌內在的混亂與塵世的喧囂，帶給我無比自信，讓尋常的一天，有它不同的天色。

服裝顏色的喜好與使用，有時也跟氣候冷暖、心境甚至信念有關。

英國留學五年期間，白色洋裝不曾與我相依，鮮豔色彩也與我無緣，灰色、黑色和深色衣服反倒成了我的盟友。許是人生地不熟，亮色太招搖，具危險性，中間色調及深色衣服帶給我溫暖與踏實感。就像老夫老妻，雖少了激情，卻多了安心。我偷偷把白藏了起來，藏在內心，成為我的心靈底色。

學成歸國，搭機返台途中，在新加坡轉機停留數日，當年情有獨鍾的白色衣服，又成為我造型必備的行頭。

某日穿一件白色長洋裝，與友人及他的朋友 C 先生一起用餐，提到回台北將從事時尚造型設計工作，C 先生建議我，多穿戴黑色衣服，

我不語，他覺察到我的疑惑，繼續說，黑色是我的幸運色，不是白色。當時不以為意，內心卻起了漣漪，「黑色」走在「白色」後面，與我深深締結了。

寧可信其有，不可信其無，何妨用黑色形塑我的個人風格？當我如此認定，說也奇怪，穿黑色時，事情總是特別順暢，久而久之，黑色衣服成為我的標誌，也為我開啟一扇簡便又有力的專業形象；「黑色」成為我的最佳拍檔。

與黑色結緣十五年，衣櫥裡黑色衣服占多數，皮鞋、包包也都以黑色系為主。直到幾年前，遇到美國「色彩密碼學」張老師，才開啟對色彩能量的認知與了解。也開始了我的彩色人生。

色彩語言是大家公認的默契，例如：紅色代表熱情、樂於回應；橙色則是熱烈、活潑；黃色呈現明朗、愉快；綠色讓人感覺安全、健康；藍色充滿和平、淡泊；靛色顯示聰明、理性；紫色透露優婉、華貴；灰色體現溫和、謙讓；黑色流露嚴肅、自我保護的意味；白色給人純潔、舒適自在的感受。

驗證法國南布列特尼大學（University of

south Brittany）所進行的一項研究，大多數男人對穿紅衣的女性最感興（性）趣。顏色穿在身上，也顯露了一個人的心底原色。

色彩能量探討色彩本身的特質，白色能量可以幫助自我表達；紅色是生命的樞紐，任何事情想成功少不了紅色；橙色為互動的滿足感，橙色能量流失會變成被動的應付工作；黃色則是吸引及凝聚眾人效命的能量，也就是親和力；綠色是帶給別人希望，具有付出、奉獻及平靜的特質；藍色能量是創造的顏色，讓人有靈感。顏色對應人間多元特質，呼應這幾年流行彩虹般的色彩。

靛色給人腦筋轉得快、很靈通，呈現果斷、不拖泥帶水；紫色則是智慧圓融、人生的目標、生命的指南針，對人生有茫然感時，可運用紫色能量化解；黑色幫助消除壓力與療傷的色彩能量。無怪乎，2008 年金融風暴時，華爾街都穿黑色衣服，為一場世界性災難默默哀悼。

色彩語言與色彩能量，有不少共通性，由此可見，大多數人對色彩都有準確的直覺力，對應了年輕時的我，很能與人交流和溝通，所

以喜歡穿白色。

　　剛進入時尚圈，面對當紅明星，內心有些忐忑，黑色能量，可以減輕我的慌亂感和具療癒效果，穿上黑色衣服，有如久旱逢甘霖。印證 C 先生所說，黑色是我的幸運色。

　　2005 年幫一位名人規畫造型，她修長身材，體態優美，瓜子臉，利落有型的短髮，簡潔有力的線條服裝，很符合媒體人形象。她告訴我將轉換跑道到養身領域，要我為她設計符合養生達人的形象造型。我幫她選了黃色無袖高領，下襬縮口設計的絲質上衣，她穿上後，效果出其的好，她訝異的問我，為什麼是黃色？我說，黃色在她身上，有種讓人想靠近，沒有距離感。

　　我的回答與色彩能量不謀而合。我很欣喜，為她找到心底原色，而這原色，當事人往往相逢不相識。

　　我的衣櫥裡還是有很多的黑色衣物，但已不是我的最愛，雖然還是喜歡素色和深色，鮮豔色彩和彩色圖案服裝也占據了衣櫥的空間。原來色彩能量早在我了解之前，早已和它成為至交了。

Never Say Never

當「心」不執著，穿暗色也很輕盈，反之，穿輕鬆衣
服看起來也很僵硬。

我和奧德莉到她熟悉的精品店試穿秋冬新
品。奧德莉 54 歲，165 公分，公關公司總經
理，走路挺直，蓬鬆旁分短鮑伯頭、慧黠的眼
睛、豐潤的嘴脣、小麥膚色、修長美腿，身材
凹凸有致，穿一件合身圓領米色針織上衣，黑
色 A 字短裙，搭配一串珍珠短項鍊，身上沒有
多餘贅肉，整體看起來像 42 歲上下，唯一不
足處，是脖紋明顯。愛漂亮的女人，感覺都比
不愛打扮的女人年輕。

奧德莉問我，她今天穿搭的造型如何？我
坦白回應，不出錯的搭配法：米白色上衣配黑
裙黑鞋、服裝線條簡單利落、短裙凸顯美腿，
唯一問題是漂亮珍珠短項鍊；成也她，敗也
她。她疑惑的看著我，不解問，「既然是漂亮

珍珠項鍊，問題？」因為珍珠短項鍊太接近脖子，反讓別人注意到你想遮掩的脖紋。她恍然大悟的自言自語，不想讓別人注意的部位，就不要此地無銀三百兩，我莞爾一笑。

奧德莉如往常給我服務時再三叮嚀：要有腰身、要素色、要不皺、要遮脖子、不要鮮豔色、不要無袖、不要太花、裙子不要太長……，「要」與「不要」涇渭分明。我稱它為造型症候群。

我要她挑選喜歡和想穿的衣服，她質疑的瞪大眼睛看我，「可以自己挑？」我笑笑點頭說：「可以。」她隨即認真的開始挑，拿下一件又一件的衣服，貼放胸前、腹部，對著全身鏡，左照右照，沒一會兒，手上抱了一堆衣服；三件合腰洋裝、四件上衣、三件膝上短裙、繫結領女衫等，全是裙裝與素色，包括黑色洋裝。少女時代養成的習慣，一路尾隨，形成圈禁，待在適應區，永遠比在不熟區域來得安全與舒適，但也錯過了許多綺麗景色。

一般人購衣習慣，買喜歡的、不是適合的，買漂亮的、不是需要的，且傾向重複購衣，買來買去風格類似。根據調查百分之九十

的人，只穿百分之二十的衣服，無怪乎，女人衣服永遠少一件，衣櫥裡的空間永遠少一點。

我在她挑選的同時，請售貨員，把我所挑的衣服吊掛起來並置放一區。

這是針對她的職業、臉型、身型、個人風格、生活型態及衣櫥規畫等考量遴選出來：包括粉桃紅梯形輪廓膝上洋裝、多色拼接喀什米爾上衣、紅色 A-Line 過膝裙、深藍九分直筒褲……等，不同款式、材質、顏色、印花與風格，才能創造多種風格造型，適宜不同的場合、人、目的與心情，就像一部戲需有主角、配角、丑角等，劇情才會高潮迭起，令人意猶未盡。

她揚起眉得意的對我說，剛剛選衣時有考量身材優勢——細腰，所以，沒有腰身的衣服與我無緣，她看我認真聆聽，接著說：「脖子也是我需遮掩的部位，美腿是我的招牌……」

我很高興她對自己的身材優缺點，瞭若指掌，同時也擔憂她的穿衣風格被限制，猶如畫地自限。

忽然間她眼睛瞄向旁邊衣桿上的衣服——印花女衫、垂墜格紋洋裝、綠色直筒九分褲、

141

檸檬黃針織上衣等，她驚訝的問我：「這些花花草草的衣服，不是要給我穿的吧？」我點頭。

她面有難色忽地說：「不愛沒有腰身洋裝，穿起來看不出好身材、喜歡裙裝多過褲裝，因為大家都說她的美腿不露太可惜……」洋洋灑灑列舉她的看法，深怕沒說清楚，這些衣服會跑進她的衣櫥裡……

我 OS，過分意識自己的美，就不美，強迫式的秀出傲人部位，久了也會另人倒胃口。所謂過猶不及。

我撇嘴，正思索如何用簡單的語言傳達我的觀點，她再次確認：「真的要穿？」

這時我笑了起來，希望用笑淡化她對不熟悉款式衣服的排斥感，我輕鬆的說：「Never Say Never，何不用遊戲的心情試試，反正穿衣服又不要錢也不要命。」

她可能覺得有道理又好笑，回我，「也對。」

不愧是帶領一家大公司的負責人，一點就通。當框架拿掉，奧德莉也跟著柔軟起來。就像種子很堅硬，但所發出來的芽卻是非常柔

軟。

　　一陣試衣後，她買了多年來第一件沒有腰身的洋裝。穿出去後得到親朋好友的讚賞，這件沒有束縛感的粉桃紅梯形輪廓短洋裝，也成為她無心打扮時，最愛的洋裝及打破對寬大衣服的偏見。

　　幾個月後，奧德莉到我公司討論春夏造型規畫，她穿紅、寶藍、桃紅、黃色拼接印花喀什米爾開襟衫，搭配深藍九分褲，活力十足，看起來很親和，她笑咪咪的提醒我，春夏風格要輕鬆舒服，不要一板一眼的套裝，顏色要多元，裙褲裝比例要均衡……，最後補充，熟女要穿亮一點顯年輕。

　　我微笑點頭回她，「不過就是穿衣服，不要太嚴肅。」兩人相視而笑。當「心」不執著，穿暗色也很輕盈，反之，穿輕鬆衣服看起來也很僵硬。

　　我想起，多年前黑色和褲裝是我的最愛，曾幾何時，我不大穿黑色衣服，也不喜歡在正式場合穿褲裝，裙裝反倒成為我逛街必買的衣服。就像神奇的墨菲定律，愈擔心就愈會發生，不可能的一定可能。

PART-3

魅力你與美麗我

Have you ever dreamed
the best of you ?

不是所有女人瘦了都好看

「胖」與「瘦」看似體重數字的增、減，但那又不是
一個簡單的道理，因人而異。女人到底該瘦該胖，除
了各自的條件，年紀，也是體重天平的砝碼。

多年前我受邀到香港為某名人做造型，挑
選衣服時，一轉身，遇到了另一個名人——楊
采妮。她已息影多年，很可能為了復出刻意減
肥，臉部凹陷，顯得顴骨有點高；我想到一句
成語「歷盡滄桑」，女神過於瘦削，連清新可
人的味道都削薄了，她復出後幾年，慢慢又豐
腴了，人也更添精神。

這不是我第一次看到楊采妮。第一次見到
楊采妮，是在遠企購物中心的 Joyce 複合式精
品店，我正為客戶挑選衣服，瞬間一道光閃進
眼裡，定睛一看「楊采妮」。

楊采妮臉頰豐潤、身材匀稱，多一分太
胖，少一分則嫌瘦，正合了「天生麗質」這句
成語。隔幾天，正夯的《美華報導雜誌》來了

電話，邀約我幫楊采妮設計過年特刊封面與內
頁造型。我趁近仔細打量：164 公分左右，皮
膚潤滑白淨，濃眉大眼，一頭烏黑的濃密秀
髮，長長的睫毛，兩邊髮際線有著漂亮的胎
毛，燦爛的笑容永遠掛在略顯 baby fat 的雙頰
上。

這款女生，不就是少男殺手，學生時代典
型的校花？她的魅力不止於男生，我只要專注
看她，腦袋頓時空轉。

「在天願作比翼鳥，在地願為連理枝。」
是白居易《長恨歌》中註解唐玄宗與楊貴妃的
愛情，環肥燕瘦各有美女，如果楊貴妃清瘦高
姚，唐玄宗還會對她如此癡迷嗎？

豐腴楊采妮、清瘦楊采妮，本尊不變，給
予我的感受，猶如兩個人。

2017 年齋後，楊采妮首度出席珠寶展，
背厚了些、稍微大隻了點，看起來有點媽媽的
味道。2018 年在某精品活動中看到她，比去
年更健美，大概勤於健身，鍛鍊後有了肌肉，
美麗依舊，卻不同當紅時期的清甜可人。

一個人的身材轉變，風格也有所不同，喜
歡與否，見人見智。不管楊采妮的風格如何替

換，她的型及骨架，是太瘦了就顯福薄，肌肉利落，線條便來得生硬了。

莫文蔚就要瘦，胖就不好。她骨架小，身材細長，萬一多長了肉，會讓人感到「外面厚、裡頭細」，怪不得，李敖多次讚美莫文蔚的外表及身材，都相當吸引人，是他的夢中情人。

我最近常常在中國電視節目《天籟之戰》看到莫文蔚的演出，當她接受來賓的挑戰，站在舞台上時，雖然很瘦，但很淡定，讓她的瘦彷彿一座山，我在莫文蔚身上看到「瘦」也是一種態度。

美女型態不同，有豐腴與骨感，時至今日，莫文蔚依然纖細，她無法當楊貴妃，但可以當自己的趙飛燕。

反過來，鍾楚紅瘦了就不好看。她適合有一點「肉肉的」；濃眉大眼、厚嘴脣，加上輪廓深、臀部豐腴，要是配了個瘦骨如柴的骨架，性感就呈現不出來了。

很多年前在香港看到她，她正提了一個大大的 shopping bag，走出名店。我不是故意要跟著她，但她的屁股會說話，唆使我走在身後盯看她的背影：約 162 公分，穿 2 公分高的

牛津鞋，搭配深藍色短版西裝外套，和直筒九分褲。第一次看到女生肉肉的屁股，可以這麼性感好看。

我跟著鍾楚紅背後，跟著去想，什麼是女人與她們的美；套句我阿嬤說的：「什麼鍋，就要配什麼蓋。」

鍾楚紅該「肉肉的」，張曼玉則該「瘦瘦的」。港劇《新紮師兄》裡的張曼玉有點「大隻」，她身材高大，骨架不算纖細，眼睛有著東方特色的細與長，特別是笑起來，有點仙氣、也帶點妖色。

仙或妖，哪有胖的呢？所以一定要瘦，才能凸顯她的獨特韻味，以及流水一般的線條。她這幾年都維持纖細，怎麼打扮都有型，張曼玉為時尚珠寶代言，戴上葫蘆形項鍊的裸背照片，讓人驚豔；所謂「畫龍點睛」，而我以為，她曲線與弧度都美的背，才是最值得的那一個「點」。

「胖」與「瘦」，看似體重數字的增、減，但那又不是一個簡單的道理，而因人而異，楊貴妃、鍾楚紅瘦了不好，張曼玉、莫文蔚則需瘦了才好，然而當楊采妮也瘦了時，也就少了

150

風流與貴氣。

　　她們都年過 45 了。身為造型師，我對年齡與造型是敏感的，25 歲前的年輕女孩，保持輕盈的身段、苗條的體態會是很美的；過了 35 歲，有點豐腴才是美；過了 45 歲，得有點肉感才叫福氣，尤其當瘦下來時沒有好氣色，會顯得很沒有精神，要是臉頰凹陷，更會看似寒酸，甚至顯老。

　　女人到底該瘦該胖，除了各自的條件，年紀哪，也是體重天平的砝碼，這是我衡量一個人的造型時，必須適當撥算的。

作自己才是最好的名牌

「時尚」的根本是在發現自己，而服飾只是一個工具和橋梁，讓我們到達時尚之路，成為更美好的人。

我有一位客戶，在下雨的那天，穿著名牌紅底高跟鞋。她用腳尖，小心翼翼走路，我驚訝的看著她說：「小心踮腳走路，容易摔跤……」

她回我：「這雙名牌鞋很貴，怕碰到水壞了。」

這種例子我碰過無數。

名牌，是有錢人士獨享的專利，或因工作所需、或因生活場合，讓自己看起來「體面稱頭」。它也勾動人類內心的微妙，意識著一種資源掌控、社會統馭，及有效的炫耀行為。

我常在想，名牌衣物到底為我們創造什麼？是美麗還是壓力？是自信還是自卑？是喜悅還是哀愁？當一件名牌衣拿掉標籤，穿者是

否會更自在？自在，是因為衣服的價格變低，人也輕鬆了；但少了名牌加持，自信減弱，不相信自己有足夠的力量吸引人。打開名牌的內裡，猶如一層五味罐。

那天到客戶家服務，她告訴我，將出席重要的商界名人聚會，託我把一只名貴的別針，安放在造型裡。她強調，別針出身高貴，是一個有名的牌子，而且獨一無二，價值不菲。

造型完成後，別針跟她，都透亮出來了。她很滿意，自信滿滿出席餐會，獲得無數的目光與讚美。

事後，我不禁想，如果同樣的別針，但非獨一無二，也少了名牌加持，她還能舉止雍容，自信穿梭商界名流嗎？

類似情況也發生在我身上。十多年前，我在新加坡錶店購買了一支名牌錶，店經理告訴我，這款錶，不久將會很夯。

事與願違，這款錶並沒有如他所說的火紅，因此被我冷落了。直到最近，有些錶因為長期沒有戴，需要維修保養，才又注意到它的存在。

不讓名錶維修的最好方法是，「戴」它。

我發揮造型師的專長，用「接受」與「愛」和我的錶連結，現在它是我鍾愛的錶款之一。當時不戴它，是因為有目的的購買，當目的沒有達成（不紅），就感覺它弱掉了。

　　錶，戴在手腕，實質意義已超過計時，更像一具時髦計算機，我們的手指搭上錶面，看時間，也看著自己與流行的映影。

　　這種現象，小女生也不例外。

　　她們不見得能負擔，但也汲汲營營爭取「名牌」，哪怕只是一個名牌包包也好。

　　那天到朋友家，她的女兒嫁得早，二十出頭已經當媽咪，要求新婚的老公買一個 BV 包，犒賞她生產的辛苦。基本款 BV 包起價約六萬元，她的老公很為難，薪資四萬，支付生活所需已寥寥無幾，一個名牌包，得攢好幾個月。

　　我不解的問她：「為什麼要買一個 BV 包？」

　　她毫不隱瞞：「想和朋友買一樣的名牌包包，而且背它很酷！」

　　名牌包之於她，除了美麗時尚，也在炫耀老公的寵愛。名牌包，裝化妝與日常，更塞入心理成分，它為女人加分，還是成為壓迫？女

人因它而美麗，也因為它而憂愁。

真的非名牌不可嗎？名牌穿上身，一定百「麗」而無一害嗎？

那也未必。我的著眼點不全為荷包，而就整體造型而論。最明顯的例子，是每年金馬獎、金曲獎，或奧斯卡與坎城影展之類的頒獎典禮，星光大道上眾星雲集，哪一位巨星不是穿著名牌？

我受報章媒體邀約評論，或觀看國外時尚造型設計師看法，每一年都有明星把名牌裝穿成夜市風，過於曝露成了檳榔西施、顏色故作顛覆變成犀利哥，星光大道頓成士林夜市了。他們一身都是名牌，都忘了能應邀而來，已是最搶眼的名牌。

這給我很大的反思，穿名牌的人們，是因為標籤和價格穿它，彰顯自己的經濟能力或高人一等，還是因為珍愛或適合自己而穿？

名牌來抬轎，還是暴露了我們的自卑，幫倒忙了？

女人常會為了名牌鞋、名牌包甚至一件衣服，搜尋網路或千里迢迢找到國外，務必占有。很多時候買到了，卻也未必使用；太珍愛

了，怕髒、怕壞；太名貴了，擔心遺失；太顯眼了，怕被搶；太高調，怕惹來閒言閒語……，如果有這麼多的擔心與害怕，還要購買嗎？

擔任時尚造型設計師多年，我曾經歷以上種種，才逐步認識自己、了解時尚後，意識到，「時尚」的根本是在發現自己，而服飾只是一個工具和橋梁，讓我們到達時尚之路，成為更美好的人。

「作自己」才是不退流行的名牌，並且透過「愛」與「感謝」，讓衣物永保新鮮，不遜於名牌。

名牌與名字，僅僅一字之差。前者一度讓我迷惘，後者卻讓我醒來。

女人的美麗與自信

> 要撐起一個人的美，不單是衣物、款式，而是我們看
> 不見，但又非常剛強厚實的內在。

美的定義，有寬、有窄。我發現，關於
「美」這件事情，竟然常隨著年紀窄化了。

讀小學、中學時，美麗或不美麗的認知，
並不只於外貌上的美醜，還包括書讀得好不
好，或才藝是否突出，比如：演講、朗讀、體
育運動等。

小學時，有位女同學皮膚白皙、面貌清
秀、身材高姚、一頭烏黑飄逸的長髮，以現
在的標準，她可以稱為氣質美女，但當時覺得
她很畏縮、可憐兮兮的。

她書讀得不好，常被一位男老師扯頭髮、
丟本子。老師的行為讓她很失去自信，連帶引
起同學們對她的杯葛；而相貌平庸，書讀得厲
害的同學，反而走路有風，很屌的樣子。

　　女人到底是因為自信而變得美麗，或者是因為美麗而擁有自信？

　　多年來，我總是好奇那位功課不好的同學，能否在師長與同學的鄙視下，重新找到抬頭挺胸的理由？

　　每一個人哪，落在自信的那一步，都不同款，有才藝、分數以及修養、外表……。我擔任造型師，長期與人們「密謀」或「陽謀」，該如何從外型改變一個人。只是，我也常提醒，要撐起一個人的美，不單是衣物、款式，而是我們看不見，但又非常剛強厚實的內在。

　　美的奧妙之一，是它的時期與狀況。

　　常聽人說，戀愛時候的女人最美？女人這階段的自信，來自於交往中的男友。男友的肯定，是自信的來源。

　　我有一位朋友，個子嬌小只有 152 公分，長相平凡，還有一點小戽斗，但在他男友眼裡，簡直就是女神。

　　愛情，是彼此淹溺、也互相昇華了，「情人眼裡出西施」，當一個人認定另一個人的美，猶如徐志摩說的，我將於茫茫人海中，尋我唯一的靈魂伴侶，戀人們彼此淹溺的同時，

也給對方救生圈，以及一生相許的浪漫跟諾言；愛情是魔術師、更是化妝師。

我那嬌小的朋友，愈來愈欣賞自己，甚至捨棄增高鞋，改穿平底鞋和低跟鞋，「矮」多數帶貶意，但她被形容為「嬌小」或「小鳥依人」，她的身高依然只有152，可是，她是自己的巨人。

她說：「這樣穿很舒服、很自在，地震時，還有高的人頂著呢。」

她的美麗，已超越肉眼所看到的、世俗所評斷的美醜，而是到達另一個層次；來自她男友正能量的傳遞。

戀愛時期，如果男友百般挑剔女生的長相或身材，再漂亮的女生，也不會覺得自己美麗而有自信。戀愛時期，女人的美麗，受男友的肯定大過真正的美醜。

女人結婚後，很多時候，自信來自於老公有沒有外遇？就算是大美女，只要老公有外遇，女人就開始懷疑自己美貌不在，老了。

我有一位漂亮朋友的老公，戀上他年輕的祕書，從此之後，她迷上醫美，打肉毒、玻尿酸、埋線、電波拉皮……等，務必使自己看起

來更年輕貌美。她才 34 歲，正是青春正盛、風華正茂的時期，當一個女人被老公外遇的女人打敗時，再美的女人也會沒有自信。那像走山路卻踩空了，而我們都遺忘了，真正屬於我們的美，得走在自己的路上。

　　有趣的是，當一個女人還是單身的時候，漂亮的女生，確實會比相貌平庸的女生有自信，因為，身旁的親朋好友會說：「你長得美，不愁男人追。」旁邊的男性友人搶著要約你吃飯、看電影。你的死黨男性朋友告訴你：其實男人都是「以貌取人」，種種言語的催眠，不自信也難。

　　女人到底是因為自信而變美麗，還是因為美麗而擁有自信？

　　美，有它的狀態與時期，身為造型設計師，我除了給予外觀的諸多建議外，也樂於告訴他們，怎麼走路。

再見高跟鞋

> 不是所有女人穿上高跟鞋都美麗優雅，穿得好看與否，與身高、身材比例、腿型、個性，甚至和走路姿態有關。

　　傳統社會對女人多數不友善，發明高跟鞋就是一個例子。

　　相傳，高跟鞋誕生於十八世紀的法國。路易十四為了阻止年輕貌美的宮女，溜出宮參加民間的社交活動，授命鞋匠設計像枷鎖的刁鑽鞋子，讓她們穿戴，以整治那些愛溜的宮女，沒想到枷鎖卻脫困而出，成為美麗與優雅的象徵。

　　所謂枷鎖就是「高跟鞋」。「受困」繼而「脫困」，鞋這般，女人也經常這般。

　　小時候最喜歡偷穿媽媽的高跟鞋，塗上口紅，手挽小提包，扭腰擺臀，想像自己已經大到可以自由翱翔。高跟鞋之於我，是獨立的象徵，也是成為熟女的標誌；小小的我受困於年

紀，想像力卻沒有投降。

　　長大後，高跟鞋是我展現女人魅力的武器，為了像名模般搖曳生姿，常在家中對著鏡子演練走路的姿態。而今，由於舊傷，醫師叮嚀，不適宜穿高跟鞋，與它漸行漸遠，成為最熟悉的局外人。

　　「失之東隅，收之桑榆。」平底鞋反倒成為我的個人風格，我不用墊高自己，也可以揚起眼尖看世界。

　　孟玲是我藝專（台藝大）影劇科演導組的同學，道地台北人，國語字正腔圓，個性則敢愛敢恨，鵝蛋臉，瀑布般的烏黑秀髮，一點豐腴，淡淡雙眼皮，豐厚的嘴脣，158 公分，不是標準美女，但很有魅力。她的美不在於五官和身材，而是自信。

　　1980 年代，她已經注意到服裝以外的小細節。懂得什麼服裝該配什麼鞋子，從不會弄錯，而且會運用配件為造型加分。常說，魔鬼就在細節裡，對孟玲而言，風格也在細節上。

　　她是我見過，除了名模外，最能輕盈駕馭細跟高跟鞋的，宛如水上行舟。

　　她穿高跟鞋，輕鬆到沒有它的存在。我沒

163

有問過她，怎麼能把高跟鞋穿得輕軟迷人？她肯定有天賦，或在家揣摩練習。女人穿高跟鞋都如履薄冰，怕跌了、扭了，怕糗了，這一切都因為踩上一個困難的高度。

她中等身材，臀部豐腴，高跟鞋能為她的身型與個性加分。有魅力的女人，永遠知道如何借力使力，她的鞋子與配件，都像編碼過的，都因為她而一一就位。

不是所有女人穿上高跟鞋都美麗優雅，穿得好看與否，與身高、身材比例、腿型、個性，甚至和走路姿態有關。一雙鞋穿百樣人，百樣人未必適合這一雙鞋。

朵拉是我客戶裡擁有最多最高的高跟鞋，她有六雙約 12 公分高的細跟和粗跟高跟鞋，我問她：「能駕馭這種高度的鞋嗎？」

她坦率的說：「還好。」

我接著問：「穿這麼高的鞋不累？」

她回我：「粗跟高跟鞋勉強可以，細跟高跟鞋只能從餐廳外走到餐廳內。」

我不大明白她的意思，只好請她穿上 12 公分高跟鞋來回的走，她試圖走得輕鬆自然。

我不語，她疑惑的問：「不行嗎？」

我直率的說：「拍照擺 pose 可以，行走，需要再練習。」

朵拉滿臉洩氣，我於心不忍補充說：「名模都曾在伸展台上摔倒了，要在薄冰上行走，得練習與薄冰相處，自在了以後，冰就變回平坦大道了。」

為了讓她精確學習穿高跟鞋，我決定告知專業訣竅。

穿高跟鞋需具備三個要點，才能走出最佳儀態：姿勢、舉止、力量。

走路時要把身體重心放在腳跟上，縮腹，胸部自然挺起，頭要抬高，肩膀向後張，兩臂輕鬆的前後擺動，臀部左右搖擺，但動作不宜過大，因為不是在走伸展台。她聽完我的解說，恍然大悟，怪不得穿高跟鞋走路，總有些不穩，原來重心放錯，每一步都幾乎踏破冰層，讓她時時戰慄。

她再穿上 12 公分細跟高跟鞋，來回行走，姿態優美輕巧了。鞋的移動，不再是踏步、踏步，而柔滑如絲綢。知道「撇步」，才能事半功倍，一知半解，有時會弄巧成拙。

她不捨那些新穎設計的高跟鞋，不氣餒的

問：「是否適合穿？」我中肯的說，搭配服裝或造型所需，鞋跟不宜超過 10 公分，正式場合服裝則約 7 ～ 8 公分高，便能襯托她的身型與特質。為了解開疑惑，我剖析她的臉型、身型、肢體語言與個性：巴掌臉，柔和直筒形身型（臀圍減腰圍小於 10 吋大於 7 吋），不胖也不瘦，個性直爽不做作，動作迅速敏捷。

朵拉整體比例勻稱，看似高眺，身高 162，無需穿上 12 公分的高跟鞋，否則會給別人壓力。個性豪爽、外放型肢體語言，配上超高高跟鞋，顯得矯情不自然。她如釋重負，彷彿找到生機。

女人穿高跟鞋，時尚一般，多數女人被制約，不得不穿，像另一個困局，我很欣慰，能給她一個與超高高跟鞋說再見的釋懷理由。

曾經我也以為，女人穿上高跟鞋才能婀娜多姿、高人一等，因緣際會與它絕緣，反而找到另一個可能性。朵拉在我專業的講解下，拋開藩籬，順著她的個性與身型，反而遇見久違的自己。

「造型」從字面上解，像在設一個局，這一回，我把局給破了。

情緒中的魔髮世界

> 人與物皆有靈性，只要不斷接收好的訊息，就能產生
> 正能量，頭髮也不例外。

　　洗頭是我每天早上起床後的例行公事。

　　三十多年前，我在英國 Colchester 唸語文時，髮廊洗、吹頭的費用分開計算，為了省吹頭費，我向髮型師討教整髮祕訣。

　　首先，善用吹頭髮時，手指的撥與拉——透過順勢拉扯頭髮的力道，使髮質光亮，之後，在頭髮中分線旁細短髮處，抹上一點髮膠，十五分鐘內，就把稍有自然鬈的學生頭吹整得完善有型。

　　回國多年，我都自己洗頭，不假手他人。這是我給自己的英國禮物，至今，我的頭髮維持直、亮，贏得頗多讚美，任誰也沒有想到，它的初衷來自一個節儉的念頭。

　　俗話說：「女大十八變。」談的是女生長

大後的長相、身材或氣質的變化，甚少提及頭髮質地的細節等。其實女生何止十八變，簡直可媲美孫悟空的七十二變。

我的頭髮天生偏褐色，而且皮膚白，小時候不是被叫「黃毛丫頭」，就是讓人誤以為我是「混血兒」、「阿兜仔」。我出生在宜蘭，那個古早年代，因為髮色淡被叫「黃毛丫頭」不是什麼讚美之詞，反倒是烏溜溜的秀髮，讓人稱羨。

國中時，為了躋身美女行列，開始染髮，把柔細髮質搞成稻草，又因經驗不足，將黑色染劑，染成深藍髮色，成為同學們的笑柄。

青春時期的出招，都像十面埋伏，有時讓人驚喜，有時又讓人一敗塗地。這個陰影一直跟隨著我，直到赴英國唸書才終止。

Maria 是我在英國念語文學校 Colchester English Study Center 的同學，義大利人，濃眉大眼，高挺鼻子，脣型大小適中，牙齒潔白整齊，鵝蛋臉，有點 baby fat，巧克力髮色，像妮可基嫚的招牌自然鬈髮型，皮膚白皙，165公分，身材不胖不瘦，屬於健美型，個性隨和不做作，帶點慵懶，笑起來有點甜，又有些靦

腆。

Maria，標準外國的美女，但她的特殊神韻又明顯告訴我，標準只是一個概念。

我不是故意打量她，但她的品味與氣質，讓我的眼光不由自主的，隨著她移動而停留。她穿米色底不等寬橫條紋，內有不同幾何圖案，由酒紅、灰色、淺駝色組合而成的長袖毛衣，很英倫風，黑色天鵝絨上寬下窄九分褲，隨意在褲腳反褶，搭棕色麂皮樂福鞋，沒有穿襪，隨性又優雅。

當時不穿襪穿樂福鞋，對我來說，可是很酷的一件事。青春常常帶點「反骨」傾向，逆著走、且走得生動，就虎虎生風了。

我和她目光相對，她愉快的走向我說：「你的髮質好好，怎麼會這麼直，像緞一樣，好羨慕。」

第一次被稱讚髮絲如緞，我暗爽在心裡，故作鎮定回她，「你的頭髮也很有型，超漂亮的。」

她告訴我，老外天生自然鬈，像茱莉亞蘿勃茲就是典型樣式，要變成又直又亮的髮型，簡直是不可能的任務。東方世界直髮多、鬈髮

少，頭髮的文化型態也分東半球與西半球。

1980 年代，平板燙尚未流行，我的稍自然鬈頭髮，在英國氣候乾燥、低溫空氣及巧手梳理，變得特別柔順，像平鋪的髮質，兩相對照，顯得滑溜柔軟。也可以說，物以稀為貴。

老人家常說：「小時候胖，不是胖。」對應在我的髮質上再適合不過。

人與物皆有靈性，只要不斷接收好的訊息，就能產生正能量，我的髮質，應該從那時起，被喚起美麗的記憶，也開啟我的自信之門。如果青春是埋伏，而今終於找到久藏的珍寶了。

我開始注意頭髮，而且發現它有「感官」。

我曾有一陣子，頭髮特別毛躁，難於駕馭，髮質也暗淡無光。納悶昨天它還髮光可鑑，受朋友的讚賞，才一天光景，怎會天差地別？無情得如翻書。

我覺察到，如果急著出門、或正為某事所煩，頭髮缺乏注目，便也無暇為主人增姿；頭髮接收我的心情，以煩躁呼應。我停止雜亂思緒，閉上雙眼，深呼吸，吐氣，用溫柔取代不耐的方式吹整它，感覺愛流上髮梢，進入髮

內，說也奇怪，它瞬間變得溫馴、和善，彷彿在對我說，你怎麼對我、我便怎麼對你。意思像「以牙還牙」，但更是「種瓜得瓜」。

髮型，是一個人最外顯的樣子，我們花長時間美髮、染髮、整髮，卻吝惜與它三分鐘溫柔相處，未免本末倒置了。

我驚覺，頭髮也是我的老師，教了我一課，我看著鏡中的自己，用雙手輕輕的撫摸它，向它頂禮致謝。

愛情左右手

> 心境，取決一件物品的好壞與喜惡，用歡喜心穿戴，
> 將回饋正能量，反之，則愈戴愈不舒服。

　　我有一件特別的首飾，Cartier LOVE Bracelet 卡地亞愛的手環；18K 金材質，寬 0.2 公分，上面有 12 個各間隔 0.4 公分刻印小圓圈，每個小圓圈中間有一條刻印直線，劃分兩個半圓。

　　它的外觀與一般手環沒有兩樣，不尋常的是，需由兩個人協力合作，才能佩戴這款螺絲鎖配飾。每回戴手環都像團圓，感情濃烈時我伸他鎖，利落有默契，而若離齬時，喀噠喀噠的，也容易和解。

　　愛的手環，另附一支小螺絲起子，手環上 12 個刻印小圓圈，在第 6 個小圓圈，和對角另一個小圓圈；中間劃分半圓的刻印直線，為小螺絲的開與固定手環的螺絲處，這樣的設

計，意味著戀愛中的男女，只要為對方戴上，就代表愛情的堅定與承諾，否則，怎能忍受戴了、卻不能隨意取下的自由？我深信手環設計師，極可能想要一段永遠鎖上的愛情。

2002 年，紐約大風雪，空氣瀰漫冷颼颼的氣息，他牽著我戴上酒紅色燈芯絨手套的手；細瘦的左手腕上，多了一條閃閃發亮的 K 金手環，和他的右手腕上同款 K 金手環相呼應。雪在飄，路上行人少，整條街像是我的伸展台，我跳躍、轉圈，仰頭迎接從天灑下潔白如霜的雪，笑開懷，眼睛閃著，不知道是喜極而泣的淚水還是雪光。

愛情的力量無窮大，一個像縮小版的細手銬，對於堅持每個造型細節完整性的我，卻甘之如飴裝飾在各款風格的服飾配搭上，甚至二十四小時形影不離，是愛情的偉大？還是金手環的名氣及時尚魅力？

就像雪光和淚水，在同個時間點相互交錯很難分辨；就像愛以及更愛，在兩道光譜中錯身，我能指出哪一些是固體、哪些是液態？

我是裸睡主義者，喜歡全身無拘無束的輕鬆感，手腕多了個略有重量的金手環，很不

舒暢也不適應，但「它」是愛的印記，豈可草率拿下？當意念轉換，認定它是身體和造型的一部分，說也奇怪，它變得輕如空氣，成為造型裡不可或缺的最佳綠葉，與 Cartier Pasha、Rolex 鋼錶、Franck Muller 酒桶形鑽錶、方形、圓形錶及其他飾品等，搭配的天衣無縫，少了它就變得冷清。

　　人與物的關係，就像人與人，只要有心有愛，就算不合拍也可以和諧。

　　天有不測風雲，愛情更不是你、我兩情相悅就能天長地久。我常回到那條大街，抬頭迎看紐約大雪，我的閃爍、他的閃爍，隔了這許久，還是那麼的亮。

　　年輕時，看過一本小說，有一段情節讓我印象深刻；男女主角深愛對方，但還是分手，當時的我不以為然，覺得作者寫得太矯情又不真實，相愛就在一起啊，為什麼要分開，長大後，體悟到，有時分開不是不相愛，而是就分開了。命裡有時終須有，命裡無時莫強求。

　　我的螺絲鎖 K 金手環，在與他的戀情結束後，被我取下，閒置在珠寶盒的角落裡，一擱十五年。當年，任何風格服飾和造型與「它」

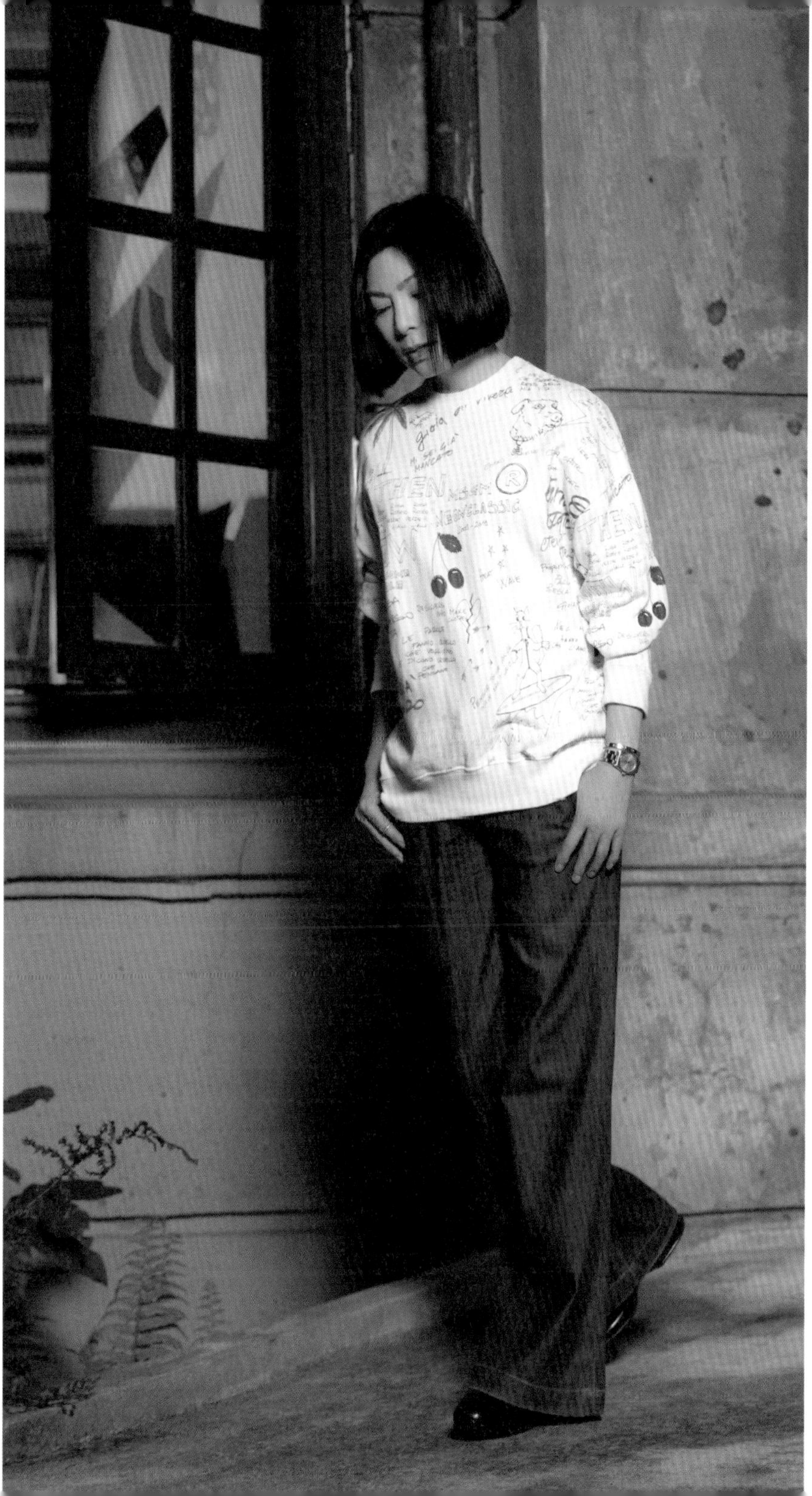

一唱一和，旋律優美又有感，而今，少了它，我的手腕輕盈舒適，造型也不覺單調。女人真是善變，愛與不愛僅僅一線，卻是天高、地遠，遙不可及。

　　我思索著，用意念轉換心境，取決一件物品的好壞與喜惡，用歡喜心穿戴，將回饋正能量，反之，則愈戴愈不舒服。

　　我恍然大悟，金手環之於我，不是好看不好看、時尚不時尚的飾品觀念，而是愛的信念；信念動搖，美的光芒就消退了。

　　選擇飾品時，我常刻意跳過 K 金手環，今天它在我注視下光芒閃耀，好像在對我說，「心境」可以改變「情境」。

　　K 金手環被我冷落多年，我一轉念，它真實而清晰的展現在我眼前；一個手工精緻，浪漫又詩意的設計，需要兩人協力，才能順利完成佩戴，美其名是愛的手環，不代表沒有愛情的女生便不能佩戴。

　　我找人協助幫我戴上，它回到我左手腕，輕盈舒適，與其他手鍊、手錶和戒指等搭配，別具一格，不像首次佩戴時小心翼翼與沉重；當時的我，只感受它的寓意與重量，竟忘了細

細描摩它的眉眼。它的美，是我擱下、且再拿起後，才為它的鎖，找到了主樂章。

　　我有一位客戶凱特，有一個手掌大小的金鍊小熊手提包；綴滿金色、黑色和白色水晶；它很有姿態，出身名門，身價不凡，但不實用，只能放一條口紅、還有信用卡。她要我把手提包設計在新造型裡，我據實以告：小熊包造型特殊、漂亮、做工考究，帶出門只能作為裝飾，必須再配個小包，才能放置手機、面紙……等，以價格、用途等考量，它是不需購買的。

　　她面有難色，隨即精神一振告訴我，當時買小熊包是因為長得像老公，出門帶著它感覺很甜蜜。我莞爾一笑。她手提綴滿水晶的迷你小熊包，充滿愛與感謝，小熊包之於她，不僅是時尚象徵與個人風格，還蘊含甜蜜的負擔。

　　金鍊小熊手提包與我的螺絲鎖 K 金手環，都說明了愛情的姿態，猶如崎嶇長路上的風景，而她表情的一緊一鬆，說明了在這路上，每一步都累，也每一步都美。然而，愛情如果不累，又怎能奢求美景？

　　現在，我在愛情的左邊，戴上愛的手環，我與自己團圓了，才能找下一個更滿的圓。

忘了我是誰

性別認同，有時也會因原生家庭、環境及生命經驗而產生變化，呈現在穿衣打扮和言談舉止上。

178

　　表姊與我年紀相仿，個性迥異。她溫婉內斂，知書達禮，我活潑外向，率性而為。

　　阿嬤常叫我野丫頭，像小男生。綽號是一種標記，烙印在心裡，反映在外。久而久之我像俠女，好打抱不平，扮演保護者，而不是被保護的角色。年紀長幼，未必就是強與弱，而繫於個性的表情。

　　除了個性，身材與樣貌也大不相同。表姊嬌小身材，五官秀氣，惹人憐愛；我身材高眺，濃眉大眼，很有個性，不好惹的樣子。一強一弱、一高一矮，表姊表妹，依稀大師兄與小師妹了。

　　小學時，每天跟表姊一起上下學，途中會碰到兩個小女生，她們也是一高一矮，一強一

弱，我們彼此不相識，卻老看對方不順眼。每當表姊上學落單，兩個小女生就會欺負她。

表姊的柔弱瘦小，引發我的雄風，忘卻女性的雌柔，我身上常備有小石頭、橡皮筋、彈弓、彈簧小刀，一副強者派頭，想像自己是廖添丁，可以懲惡救善。

國中男女同班，男同學會嘲笑胸部平坦的女生像飛機場，講話據理力爭，則是男人婆。這種言語評論讓我很生氣，也喪失自信，更意識到傳統保守社會裡，男女有別，女生要有女生樣；柔軟溫順、凹凸有致、姿態優雅，以柔克剛，才能獲得異性的呵護和讚賞。

性別認同是一條長長的路，並設有許多涼亭與客棧，容我小憩、深思。

認同像催眠，不知不覺帶領我進入女人的粉紅世界。高中和大學時期，更留意身材變化、講話的聲調以及姿勢呈現，喜歡穿裙裝，畫口紅，穿高跟鞋；那是一種自覺，有別於小時候塗上媽媽的口紅、偷穿高跟鞋的好奇心。自覺意圖與行動，帶給我喜悅與踏實，像黑暗中的一盞燈，亮在長路的彎口。

性別認同，有時也會因原生家庭、環境及

生命經驗而產生變化，呈現在穿衣打扮和言談舉止上。

「認同」，重點還在那個「同」字上，有很多的「不同」。

大學畢業後，遠赴英國唸服裝設計，為了融入當地文化，留學五年期間都寄宿在英國家庭。英國人做事一板一眼，實事求是，帶些冷漠與距離感，女人地位高又強勢，應是多年來受到首相鐵娘子柴契爾夫人的影響及領導下，女權高漲。

我耳濡目染，成為另一股女力，敢怒敢言勇於展現自己。蓬生於麻，不扶自直，確切描述我在英國期間個性與心態的轉變。

學成歸國，進入職場，成為專業時尚造型顧問，面對政商名流、藝人、主播，為了展現專業，褲裝取代裙裝，粗跟鞋取代細跟鞋，服裝線條以簡潔利落為首選，再運用黑色傳達權威，說話強而有力，眼神銳利，久而久之，長相變得嚴肅、鋼硬，動作也快速確實。

當我創造了一種形象，別人會相信那就是我。他們站在自己的角度審看，我也表現出自己所塑造的模樣，與散發的神韻融為一體。

相由心生，境隨心轉，人生長路上，不斷停泊與出發，「我」看似只有一個，其實融合了好幾個「我」。

　　Althea 是一位醫生，48 歲，未婚，身材壯碩，身高 164 公分，胖胖的臉，小而垂的眼睛，粗眉，扁塌鼻子，豐厚嘴脣，稀疏毛躁的層次短髮。

　　她穿男士厚棉質長袖白襯衫，黑色西裝褲，繫上長方形銀釦環黑皮帶，深咖啡色男款皮鞋。男生一般。

　　我從辦公室的小縫隙看到她，雌雄莫辨？除了女性的胸部特徵，很難從穿著打扮及肢體語言，讀到女人的風貌。

　　她在助理引領下，進入 VIP 房的沙發坐下，不一會兒，我走進來，坐在她對面。

　　Althea 十足的男人舉止，兩手攤開在沙發後背兩側，兩腿外開坐著，沒等我詢問細節，坦率告訴我想改變造型的因由：看到朋友在我改造下脫胎換骨，病患家屬看到她後，卻決定換醫生。一正一負的反差，讓她動念改變自己。

　　人要衣裝，形與神也需要。外觀太市井，

儘管穿金復戴銀，真材實料都像贋品了，比如我的表姊，永遠都像小師妹。我唏噓也欣喜，她勇於一場冒險的旅程，「不入虎穴，焉得虎子。」

為了確認她的想法，以便規畫和設計造型。

我問：「想交男朋友嗎？」

她說：「是。」

我誠懇的告訴她，「男性化的裝扮，較難吸引異性青睞，女性化打扮，柔和的肢體語言才能散發求偶訊息。」

她說：「願意試試。」語氣堅定並充滿信心。

我看到穿著裙裝，既個性又柔美的她。那像歌仔戲天王楊麗花，走下戲台卸了妝，恢復女兒身。

我和 Althea 都是單身熟女，她在我服務後不久，和某位男性友人來電，我為自己找到外在，卻內外不一；丘比特的箭只射在準備好的女人，而不是美麗的女人。

「沒關係。」我跟自己說；明天，自有明天的長路。

自己模樣自己做

> 相貌會隨著心境、作為、生命經驗、烙印臉上，並附著成為氣息，年輕時不易覺察，年紀長了，臉上就寫滿故事。

　　哥哥邀請國中同學到媽媽家聚會，哥哥給指令，要我跟妹妹「不准缺席」。我好奇，當年天天在我家吃喝泡妞的熱血少年，現在變成什麼模樣？也想知道，他們怎麼看我、說我？兒時玩伴的說詞，是記憶的寫實片，我已穿戴盔甲準備應戰。

　　一個戴眼鏡、堆滿笑容、臉圓圓，微胖中等身材的男生說：「你一定記得我，對不對？」我瞇眼打量，「你家在市場旁，有位漂亮的女朋友？」他滿臉洩氣。我張冠李戴，把不曾出現的女友強掛在他左右。

　　一位忠厚老實、身材魁梧的男士，在一旁自信的笑，「你不認得他，但一定記得我了……」我楞了楞，快速驅動解讀程式，在哥

哥的聚餐、牌局與遊戲中，完全沒找到屬於他的蛛絲馬跡，「你、你、你，我一點印象都沒有。」

他的笑容倏地一收，發出瓷器裂掉的聲音，「我騎偉士牌機車，從宜蘭帶你去台北，你忘了？」魁梧男試著勾起我的回憶，全場哈哈大笑。

為了挽救記憶、也為了搶救他們，我指著坐在沙發一隅的高瘦斯文男士，「我記得你。」

斯文男覥腆的回說：「你還是老樣子，活潑、大方又精力充沛。」

豆蔻年華的我，對高帥男特別有好感，「記」與「忘記」，驗證人是視覺性的動物。

全場唯一的獨身主義男士接著說：「她一直都這樣，公開場合說話從不怯場，還是瘦瘦的，長相也沒變。」

我竊喜，轉頭對他說：「你除了胖一點，也是老樣子。」

獨身男揚揚眉毛得意的說，因為沒有負擔，自由自在，當然不顯老，指著在場男士，不像他們有老婆小孩要照顧，都變阿伯和阿公了。大夥曾有共同的生活源頭，匣門一開，順

著每一個人稟賦與質地，各有各的模樣了。

　　雖是不經意的玩笑話，但對照在場十幾位哥哥的老同學，獨身男最具活力與朝氣，保養最好；像楚留香翩翩風度的高瘦斯文男，身材依舊修長，神韻不復瀟灑，多了滄桑與世俗；貼心有趣又生龍活虎的微胖男，動作老態，難以一眼認出；憨厚魁梧男褪去生澀，多年之後，眼神堅定自信；彼一時、此一時，偶見暗橋能夠推斷，多數則難以連結。

　　鏡子裡的我，五官大致都在同樣的位置，不因歲月而走位，他們所說的「老樣子」，聽起來欣慰，但我知道，兒時的我可愛，少女時期天真無邪又青澀，高中時，帶點夢幻氣息，大學又多了文青味道，英國留學時，眼神常流露「我要贏」，大概人在國外自我保護及不想被老外看扁。

　　鏡子映照當下，照片記錄我每個時期的心理狀態與思維。它們是我，我是它們。

　　相貌會隨著心境、作為、生命經驗，烙印臉上並附著成為氣息，年輕時不易覺察，年紀長了，臉上就寫滿故事。無怪乎，林肯總統說：「一個人四十歲之後，要為自己的長相負責。」

嫻淑 40 歲中等身材，圓潤臉、大波浪長髮、五官平淡，眼神溫和、柔軟聲音、人如其名，給我很好的第一印象。

　　百分之九十的人在第一次見面時，能在 10 ～ 40 秒內說出對一個人的觀感，如果是面談，僅需要前四分鐘，就能完全評斷。嫻淑優雅的肢體語言、柔和表情、說話不徐不疾及友善眼神，讓我如沐春風。

　　在女人眼中，女生長得順眼比耀眼更吃香。多數同性是相斥的，而我和她是同性相吸。

　　嫻淑剛離婚，獨立扶養兩個小孩，想開精品店，希望透過我的專業，讓她在造型上更時尚有型。我推敲她的行業、生活型態、個性與特質，鋪陳合乎生活與工作的多面性外觀，並結合專業形象。

　　贏在起跑線上，不單指學齡孩童，人生常有不預期的情節，過去與現在有了裂痕，任何一個年紀，都有可能需要蹲下身子，再畫一條起跑線，蓄滿能量，為未來衝刺。

　　幾年後，嫻淑除了開精品店，還跨足金融投資，也找到第二春。再次碰到她，是五年

後朋友的春酒上，那天人很多，遠遠的就看見她，依舊大波浪長髮、外型變化不大，但表情嚴肅，肢體語言僵硬，眼神更由溫和轉為銳利。她看到我很驚喜，介紹跟在後頭的老公。她的寒暄、交談都顯得匆忙，看著她幹練的背影，我的心也有了一道裂痕。那曾經吸引我的溫暖氣質與談吐，沒有跟在她後頭，舊玩具一般，被扔得乾淨。

　　她不知道那些是她的骨董。她曾經的友善、嫻雅，是過去的她，每一天撫摸、打亮、並且珍視，才能擁有的色澤。

　　時間的餵養，讓嫻淑的事業、婚姻漸漸成功，只是成功的內涵太多，數字、物質、權勢等，都是衡量的方式，但我想，成功的「長相」也是一種，色斑、皺紋斷難避免，氣質與神韻卻是日精月華，我們肯定會愈來愈老，但我們也可以愈長愈好。

　　佛家說實相非相？我站在鏡子前，卻要說皮相無比真實。它被時間雕刻，也能被自己，細細的、隆重的陶冶，成為我們要的樣子；我也承諾自己，會為我的長相負責。

女人的故事

要美麗，動機很重要，如果僅為了留住男友或老公，並非自願，美麗無法內化，不會帶來真實的喜悅與動力。

　　依依是極少數，接受我全方位服務的客戶，從戀愛、結婚、懷孕到生子，讓我見證了一個女人在各個階段的改變、調適及蛻變。年紀長了、身分變了，人生的歷練漸漸飽滿時，很慶幸，我都在；在一個女孩旁邊、也在一個女人心上。依依是我姊妹淘好友，常聽到她的愛情故事。

　　她出生小康家庭，就讀名校法文系，中等身材，個性溫柔恬靜、齒若編貝、五官清秀、皮膚細緻，身材不是凹凸有致，整體比例勻稱，雖是小家碧玉，但氣質出眾。男女情竇初萌之際，似已設定一款理想，依依話不多、長得標緻又會讀書，是許多男生心怡的公主。

　　男友L，是依依校外活動認識，對她一見

鍾情，也是她的初戀。那年依依二十，男友
大她一歲，兩小無猜。L是企業家第二代，上
有大十二歲的哥哥，和精明幹練的嫂嫂。依依
不是大戶人家，不擅穿衣打扮，但善解人意、
不愛慕虛榮及清新氣質，頗得L父母及兄嫂歡
心。

　　以世俗眼光，依依是釣到金龜婿了。現實
生活只有豪宅、富二代，沒有城堡與王子，依
依的好友談起他們，都為我們再溫習了一回童

話，甚至是神話。

依依出社會工作後，我經姊妹淘介紹認識。我剛入行不久，主要幫明星藝人做造型。好友說，依依與 L 交往五年，她想婚，但男友愛玩不定性。

L 交了一位年輕貌美、身材窈窕又風情萬種的酒店女子，好友抱不平，說服我為她打理造型扭轉劣勢。童話多屬美滿，若沒有一丁點風波，哪來高潮起伏？我的任務是在公主黯淡之際，為她劃一根火柴。

要挽回花心男，除了造型，還有個性。依依逆來順受，對於年輕愛玩的男生，不具威脅與挑戰。就像造型。協調是一種美，使美感充滿衝突，則會讓人為之一亮。

服飾是借力使力，最終還是回歸到穿者本身。要美麗，動機很重要，如果僅為了留住男友，並非自願，美麗無法內化，不會帶來真實的喜悅與動力。隔行如隔山，好友皺皺眉，似懂非懂的說，要進入豪門，總得看起來大器一些，才有氣勢，何況還要面對強勁的小三。

理解專業有難度，對於愛情的修補與完整，大夥將心比心，任誰都懂了。

　　為了讓充滿熱血、行俠仗義的好友了解，我剖析說，依依就算有造型師協助，如果本身不愛美，也懶於打扮，仍會事倍功半，要把「美」當作生活態度，與美為友，才會愈來愈美。心裡認同，就會表裡合一，散發自己的光。好友點頭如搗蒜，好像看到一盞明燈。

　　姊妹淘最愛聊電影《麻雀變鳳凰》（Pretty Woman）的愛情故事，情節下凡，發生在友人間，免不了關切進度，一起成為電影劇本。後來，風情女懷孕，依依只好斷情緣，成他人之美，一個月後，風情女流產，依依懷孕。生活現實，是最厲害的編劇高手，這款情海波瀾，好萊塢也編不來。

　　有位出家人告訴 L 和依依，要把孩子生下來，因為他們有緣。命裡有時終需有，命裡無時莫強求，許是依依有嫁入豪門的命，否則怎會如此戲劇性。我從此為依依打理造型，為她每一個人生階段，吹哨音、鼓掌、供輸戰略，以及喊暫停。

　　依依懷孕幾個月後，順利嫁入豪門，聽取建議，重新審視自己，從委曲求全到敢對不合理的事說「不」。重視打扮、講究內在與穿著、

學習化妝、美姿美儀、廚藝等，在在傳遞她是出得了廳堂，入得了廚房，上得了床的魅力女子。人的潛力無窮大，透過愛的力量，發揮極致。依依是選手，我是教練，有時候不需要我的戰術指導，依依也能組織戰力。

聽老人家說，孕婦懷男胎會變醜，依依反而變美。而且一連三胎都是男的。美、以及我為她設計的造型，回饋給她的自信，孕婦裝不從孕婦專賣店選購，而是精品服飾店，遴選適合她個性及身型的服裝，再加以修飾。懷孕後，身形經常走樣，我發揮專業調整，協調她隆起的肚子。依依「帶球走路」，毫不臃腫，反而多了份女人風情。

依依對每一回出席都講究，不因身孕怠懈，公司尾牙、年會、家族餐會、老公朋友聚會等皆然，也把美帶入居家布置。親戚、朋友、同事員工們對依依的讚賞，L任何場合必帶她出席。依依心裡清楚，花心老公，不會因為老婆知性美麗，而停止拈花惹草，但保持對美的正確態度，讓依依心頭踏實。造型師無法全天候緊隨服務對象，但我的心眼、提醒，甚至是叮嚀，成為依依的鏡子。

女人是因為變美而自信，還是因自信而變美？在依依身上，是因為「要美」而變美。美，抽象又具體的，成為她的基地。青澀時期的依依還在，面對失愛焦慮的依依也還在，這些挑戰與威脅，讓我們成為最佳聯盟，反擊的不單是體制與男人，而回歸到圓心；女人得站在哪一個中心，才能畫出自己的圓滿？

年輕時，常把男友的意見當圭臬，穿衣風格、言談舉止等都是。女生多因為先把自己瞧小了，而讓男生變得很大。大學時有位男友，常灌輸他認為的正確觀念，例如：女孩子不要穿吊帶和無袖衣服，容易給人隨便的觀感，他真正的意思是不正經；晚上九點後，在外蹓躂不好，也不可以到卡拉 OK 與地下舞廳。老師教的事常記不住，男友說過的話，很難忘記。原來「記」與「不記」不是是非題，而是選擇題。而我選了後者。

尤其，與依依一路相隨，我更體會，美、以及更美，是挑戰；愛一個男人、以及被男人所愛，更是挑戰。而童話裡的美麗主角，她的歷劫與克服，才會讓她，變成一個更好的故事。

女人的動靜之美

> 運動是一條持續及漫長的路，路上會看到不同的景色；艱難難挨、失望挫敗、愈挫愈勇、漸入佳境、心曠神怡等，它從來沒有盡頭，也不會一無所獲。

　　很多女人不愛運動，除非跟她們說，運動能年輕漂亮，但多數的女人，包括我，還是寧可選擇按摩、SPA 或整脊，維持體態與身材。

　　動與靜，前者主動，需要自己努力完成，更需時間的積累滋養，才能體現力與美；後者被動，只要有錢可由別人代勞，即可獲得舒暢美好，不久後，又回歸本樣。

　　動自己的手、還是他人的，端看個人選擇。熟齡後，我選擇前者把自個兒當花圃，一草一木自己來，它們的根才扎得徹底。

　　小時候，喜歡邀鄰居玩躲避球、跳繩、跳高，也常到同學家，爬樹摘芭樂。國中時，讀書差強人意，運動細胞卻很發達，還曾參加鐵餅比賽。高中，愛上跳舞，常在家練習流行舞，

如醉舞、恰恰、吉魯巴等，更不畏警察抓人，朋友一呼便去參加舞會。

年少時，活蹦亂跳，好像是天經地義，殊不知，身強體健，才能如此活耀。

小凡是我國中時的學藝股長，氣質空靈、巴掌臉、清秀五官、身材高瘦、皮膚白淨，像瓊瑤小說裡的女主角，不食人間煙火又弱不禁風，也是班上男同學的女神。

她體弱多病，不需上體育課，總靜靜的待在教室看書。我偷偷的羨慕她，幻想我也是林黛玉型的女生，受人呵護，又不用到操場跑步。

小凡聲音輕柔，說話時露出兩顆稍長的門牙，很有氣質，功課又好，從此，這款牙齒，被我列入會讀書的齒款；單薄身型配上孱弱身軀是出塵的樣貌。

年少的單純，有時也是一種盲目與執著，好與壞全憑感覺，合眼緣，缺失都能幻化成另一種美。

小凡或者任何一個人，都曾以他們的名字餵養審美的雛型。

北上唸國立藝專影劇科時（現為台藝大），

女同學們都生龍活虎，能說敢言，穿衣打扮時尚有型，與小凡差異甚大。許是演導組學生，展演出的風格既鮮明又獨特。功課好的定義已不限定書讀得好，而是文武雙全。

我好像飛出去的鳥，翱翔高空，一覽無遺。眼界開了，欣賞美女的角度也變廣了。

1970 年代，大學女生不流行到健身房或球類運動，同學間的休閒是看電影、喝咖啡、逛街，或假日相約到地下舞廳跳舞。漂亮有氣質的女生，大多屬於白皙肌膚、身材苗條具仙氣，像林青霞、王祖賢、彭雪芬這一類，運動健美型反倒不受青睞。

不同時代美女的標準，因應生活型態的迥異而有所不同。我很慶幸，唸大學時，雖沒運動，但身型瘦削，正符合審美潮流，但也因長期不運動，埋伏潛藏的危機。

年輕時不運動，身材還可維持纖細，呈現青春少女感。這是天賦的新與青，不需琢磨，本身已經打好了光。

年紀長了，皮膚鬆了，漸漸發現不運動和被動式的運動，對抗不了無情的歲月。過瘦的身材，不運動，反倒因油脂不夠，更顯老態。

怪不得，常聽老人家說，年紀大了，就要胖些，才有福氣，原來是瘦得不夠精壯，看起來寒酸。每一款年紀都有對應的體態，衣服這般，肉身亦復是。

小時候欣賞的女生類型，潛意識裡會反射在自己的身上，所以，總喜歡自己瘦一些、骨感一點，就算親朋好友嫌我太瘦，要增胖，我還是堅持再瘦一點、再小凡一些。「瘦」對我是另一種情結。

藝專畢業後，遠赴新加坡和英國攻讀服裝設計和造型，1003 年回國，進入職場成為造型師，那年 31 歲，身高 164 公分，體重 48 公斤，十年後，依舊謹守不超過 50 公斤的極限。

每次上媒體，看到五官立體，身材纖細的自己，常沾沾自喜，自以為保養得宜。自我感覺良好，雖有許多正面效果，有時也會蒙蔽雙眼，無法看清事實。

我為了瘦，以少吃或不吃維持體重，也以拍照和上電視的效果，作為體重的標準。錯誤的思維，就算做對的事情，結果也不會是好的。正如我走捷徑，卻是險招。

　　我的身體在長期工作超過 15 小時，睡眠不足 6 小時，不吃飯、少量進食及不運動，42 歲時雖保持清瘦，現在看來，卻少了精、氣、神，也需針灸師、按摩師、整脊師一星期兩次的協助，才能容光煥發、步態輕盈。我的花圃都委由外人代勞，鋤草、澆灌，沒一樣自己來。

　　人常在健康亮紅燈，才會考慮運動，我因男客戶的一句話，開啟健身之旅。

　　智慧男 56 歲，成功企業家、170 公分、身材精壯結實、小麥膚色．長相平庸，但具知性與藝術氣息，讓他看起來魅力十足。50 歲退休之後，健身是他首要目標，彈琴、畫畫、旅遊、聽音樂劇、品美食等，就是他的生活。

　　智慧男說，要漂亮就要健身，要運動也要練肌肉，否則，過瘦的雙腿，少了肌肉支撐，會像卡通《大力水手》奧利薇的腿，這話雖是輕輕說，卻重重打到我的要害，我故作鎮定，心想，造型師專業搭配，竟被看出破綻？

　　他看我默不作聲，接著說，我現在四十初頭，外觀漂亮有型，再過幾年 50 歲，造型功力再好，也撐不了肌肉流失，而步態蹣跚，失

去美感……，我的靜默不是反對，而是真實與假象，被他看穿，像國小課堂裡的孩子，羞赧低頭。

我要了他健身教練的電話，打電話約他見面，兩天後正式上課，到今天已經十二年。

運動是一條持續及漫長的路，路上會看到不同景色；艱難難挨、失望挫敗、愈挫愈勇、漸入佳境、小有斬獲、心曠神怡等，它從來沒有盡頭，也不會一無所獲。

漢字的奧妙就在字的組合所產生的意境，「活動」兩個字，正好可以注解，要活就要動。不運動、鳥腳般的雙腿，漸漸纖細結實。

運動與不運動的美的差異，像實心與空心木材，看似相同，實則天差地別。我在自己的花圃裡，站得頂天立地。

名字與時機

名字，女人的另一件衣裳。名字不單只是字樣，而關乎精氣神的合一，改名，在正視世界對自己的發音。

　　每個人擁有兩次改名的機會，是台灣人的幸福之一，如果第二次更改，同區有人姓名一樣，可依此獲准第三次。

　　名字不單只是字樣，而關乎精氣神的合一，改名，在正視世界對自己的發音。

　　小時候住宜蘭，小孩常一起玩耍，晚飯時，大夥兒捧著碗，到大空地聚集，分享飯菜，也喜歡用對方的名字、身型、個性或諧音取綽號，例如，鄰居春蘭很愛哭，大家就叫她愛哭蘭；嘴型尖尖的志成，用台語老鼠稱呼他；胖胖的明發，外號阿肥；有時同伴間因意見不合、看對方不順眼，編順口溜揶揄。

　　我家前面四個小孩，兩男兩女，哥哥錫南、妹妹敏君、弟弟錫基，我的名字淑君，就

被鄰居取中間和最後字的名，編了台語順口溜：飛行機（錫基），載美軍（敏君），去台南（錫南），扑德軍（淑君）。

我個性不好惹，妹妹溫順、乖巧，順口溜由此而來。兒時想像力豐富，看一說三，有趣又直指核心。

人的名字和衣服款式，在自我感受與傳達上，有異曲同工之妙。

瓊瑤電影的男女主角都是俊男美女，男的風度翩翩又深情、女的仙氣十足又惹人憐愛，配上具詩意的名字，觀眾更能融入，看得如癡如醉，反之，名字俗氣，給人印象也輕淺。如同女人穿上飄逸雪紡洋裝，自然呈現柔美浪漫；踩著細跟高跟鞋，走路就儀態優雅；身穿缺腰身的寬大衣服或布鞋，則率性多了。

就像情境導引，穿者透過服裝風格和名字的意象，傳遞給頭腦，頭腦理解、透過感受，輸送氣質的樣貌。

名字，女人的另一件衣裳，當林志玲被命名、被認識了，屬於名字的運氣，也屬於她。

高中時，受瓊瑤電影女主角唯美名字的影響，曾取過筆名，也蠢蠢欲動想改名字，讓

自己更有文藝氣息。藝專畢業後，出國唸書，由於英國人說華語的捲舌音有難度，加上我的姓名不容易發音，老師建議取英文名，方便記憶，從此 Judy Chu，和我度過幾千個日子。

名字好唸、好記，為我帶來人緣與便利，名親、人親，人的名字自有春夏秋冬。

回國後，成為歌手、藝人造型師，也為電視主播、主持人做整體造型，每當節目播出結束，跑馬燈出現工作人員名字，以茲感謝，為了讓媽媽看懂名字，「Judy 朱」成為我的標記，它融合西方與東方，它也是一座橋，讓人知曉我從東方出發，到了西方茁壯。

喜歡什麼名字，和心境及個性有關。

我家六個小孩，都是媽媽看書算筆畫取的。我的名字通俗，常為此跟媽媽抗議。國中時，覺得我該叫詩晴，既詩意又柔美，符合少女情懷。高中喜歡單字的名，有內涵又有明星氣勢。

大學時《陰陽錯》電影大賣，女主角倪淑君，長長的秀髮、濃眉大眼，加上甜美的笑容，迷倒很多影迷，從那時起，才對「淑君」改變看法。一個名字孵化成什麼模樣，有其機緣，

「淑君」、「志玲」，都因為有人為這兩個字披荊斬棘，脫卸了俗成既定，成為一個世代的審美，連名字都因此脫俗了。

名字要跟姓配得好，看和念，才會令人喜歡。倪淑君就比朱淑君有韻味；朱麗倩又比陳麗倩來的清雅，或許是先入為主，有了主觀形象，就認定何種名字該配什麼樣子的人；好比迷你裙，穿在修長美腿的女生身上，就賞心悅目，反之，則慘不忍睹。無怪乎，老人家常說，三分人、七分妝。

悅耳的名字配上合適的外貌，能轉換個性與運勢，不過，名字愈改，有時思維也會愈混亂。

我因年過 40 未嫁，媽媽建議改個好名字助姻緣，我藉此機會，重掌名字自主權，找了精通姓名學的老師，結合我喜歡的字，改名朱子菲。說也奇怪，更名後不久就有對象，並論及婚嫁，但又莫名分開。媽媽嘀咕，「菲」才一隻腳，當然站不穩，隔年改第二次名朱麗安，著眼在「安」這字型，有一個家。

改名後，我坐行不安，自己都安不了的名字，哪能讓人安心，更甭提歸宿了。不會駛船

嫌溪灣（注），正好呼應我當時的心情。

　　俗話說「無三不成禮」，沒料到應了我的改名。某企業家夫人熱心推薦南部老婦人，要我找她改名，轉換磁場、增加姻緣，盛情難卻，也因兩年改了兩次名，內心無法平穩、安頓，答應赴約。好似穿衣風格，沒有一定的套路，反而會亂了譜。

　　時值 2008 年金融海嘯，朋友們在那一年改名字的特別多，我順勢而為，改名朱馥瑜。老婦人說，馥瑜會得異性疼愛，姻緣圓滿，有利藝術工作者，我因馥瑜音似「富裕」，字體長相四平八穩，決定與它長相廝守。

　　朱淑君、朱子菲、朱麗安、朱馥瑜，每一個都代表我，我因她們而變成我，它們為了我，「子」「菲」、「麗」「安」，兩兩一組、上衣搭長裙般，給了我不同的風貌。我還是朱淑君，而它們都曾是我的晚禮服，在不同的歲月場，為我增色。

　　人一生，要學習的很多，其中一項充滿矛盾，那是向「名字」學習，讓人跟名字漸漸靠近，且融合為一。

　　我成為自己名字的開創者，「朱馥瑜」三

個字，就是一本正打開著、等待書寫與閱讀的故事了。

　　注：語出台語俗諺：「袂曉駛船嫌溪狹」，意指不會駕駛船隻卻嫌河面狹小，比喻一個人不知自行反省，只會怪罪環境和別人不好。

時間的影子

> 俄羅斯諺語:「鏡子加時間是一件很殘酷的事。」外在無法與天抗衡,內在可以成為自己的主人。

　　母親與我的關係,亦母、亦師、亦友。她說的話常強而有力,一針見血,讓我難以招架。

　　耳室呈一個蝸牛形狀,它對聲音的接收沒有選擇,當我預感母親的利言,已來不及掩耳。

　　和往常一樣,有空,就到對面她家串門子,表達關心,順便哈啦。

　　我得意的跟她說:「多年不見的老朋友跟我說,我一點都沒有老。」

　　她面無表情,抬了一下眉毛,像偵探,搜尋我的臉,不以為然的說:「哪沒有老?」

　　我不甘示弱,「其他朋友也說,我一點都沒有變。」

她沒有回應，繼續收碗筷。

我看她沒有反應，接著說：「Amy的同事也向她讚嘆，你姊怎麼都不會老？像千年妖精。」我佐證以上說詞，撫慰我的心靈。

母親常發卓見，我先給自己打預防針，猶如置死地而後生。

老母停下手邊工作，看著我，認真說：「想要知道自己有沒有老，把以前的照片拿出來對照就知道。」

她用「不怕不識貨，就怕貨比貨」的理論，讓我了解，「不變的真理就是——變」。

薑是老的辣，母親菩薩低眉，又是怒目金剛，話鋒不帶火氣，漩渦似的，粉碎我的自得意滿，回到家，迫不及待拿出幾年前的照片，和鏡中的我對應。

前年的我，臉上多點芳華，少些皺紋，去年就弱了些，連法令紋都刻印出痕跡；多年前的我，眼神銳利，有距離感，今日眼神柔和了、神態自若了；對比現在和過去，多年前的我當然更年輕、更青春。

驗證俄羅斯諺語：「鏡子加時間是一件很殘酷的事。」

　　臨鏡，在以往是顧盼自得，在今天則帶了點滄桑，一抹烏雲，遮日、擋月的。

　　時間飛逝，昨天、前天、去年、前年和今天的我，還是一樣年輕？或透露風霜與老態，或更顯沉穩與活力？別人和朋友所說的沒有老，其實是概況的感受，偏重內在散發的精氣神。老母的評論，屬於肉眼所見，兩者相比，略有差距。

　　我思忖著，外在無法與天抗衡，內在可以成為自己的主人，只要秉持中庸之道，不一味追求「最」；緊張、恐懼、失落減少，內心安頓，自然有神氣，不顯老。所謂相由心生。

　　Sunny 是我第一個素人客戶。第一次見到她，是透過朋友介紹。那是三月天，有些冷，我們相約在東區咖啡館，一進門，正在搜尋她的芳蹤，一位美麗大方與氣質兼具的熱情女子，從椅子上站起來，笑臉盈盈，目光掃向我，我本能的點頭微笑走向她，沒等我開口，她已經認出我，應該是朋友事先形容我的長相特徵。

　　她有一頭烏黑帶層次的俏麗短髮，臉上掛著精緻的妝，濃郁口紅，同色調指甲油，穿黑

色長袖短外套，同色短窄裙，配上黑色漆皮中粗跟高跟鞋，雖是制式化套裝，但不沉悶，應該與她爽朗的笑聲有關。

穿著外套，依然可見她略顯豐滿的胸部，和凹凸有致的身材，約 158 公分，身材比例勻稱，配上修長的腿，看起來有 162，很具吸引力。

她的動作敏捷細緻、利落不浮誇，個性直爽、開朗，看起來精明幹練，眼神會放電，大概是肢體語言和身材的關係，雖是熟女，但極具風韻和性感。

我 OS，難怪大企業家會拜倒在她的石榴裙下。

外在、內在都和諧的女人，她的手往哪裡擺，人們的目光都往那裡飄；美麗的女人，常是愛情的指揮家。

再見她，已是多年後，我們相約用餐敘舊，她穿著花卉圖案雪紡膝上長袖洋裝，濃豔的妝，說話速度變快，言談中會參雜罵人的閩南語語助詞，人也顯得急躁。

她訴說這幾年的遭遇；企業家男友破產、被朋友倒了錢、認識渣男……等，她滔滔不

絕，把幾年來的怨氣與怒火傾洩而出。

腦海閃出第一次見到她；直爽又優雅、熱情又內斂、清雅又性感。我感慨，時間的刻痕與人世的怨懟，畫在她憔悴的臉上，任她再怎麼抹紅、抹深都沒有用了，負面情緒吞噬她的柔媚。

兩相對照，今非昔比。我禁不住要微微側身，偷瞄多年前的她。我的失落像極了哀悼，深深嘆了一口氣。

說了一陣後，她忽然問我，她和之前有什麼不一樣？沒等我回答，她搶著說：「老了、胖了，對不對？」

我看著她，無關老、胖，更多是心境反應出的樣貌。

我思索該如何回答，比較有建設性，專業形象造型師的回應，多少會產生正面與負面影響，而我當然希望她「向前看齊」。

我輕鬆的說：「人都會老，心不老就好。」

我不喜歡這種不痛不癢，官方式的回答，又補充說：「以前你說話不會用閩南語罵人的語助詞，現在不停的用，與你的優雅氣質不協調。」

她當頭棒喝，回說：「對耶，你不說，我都不自覺。」

她的回答，讓我想起一個古老的禪宗故事，有一隻獅子被羊群帶大，牠也以為自己是一隻羊，直到有一天，一隻年老的獅子把牠抓到池塘邊，讓牠看自己的倒影，牠才恍然大悟。

我很高興，能當她的——池水，在過了這麼多年，以及我默默悲傷以後。

老母的話語又在我耳邊響起：看照片，就能知道你與你與時間的分界。

我與 Sunny 在人街上道別。我沒有告訴她，我母親的提議：「想要知道自己有沒有老，把以前的照片拿出來對照就知道。」

母親呀，怒目金剛慈悲心，只有我才有福接受她的堅硬與柔軟。至於 Sunny，只要她願意看我、問我，我都會是她的池水，與一面鏡子。

實踐美麗的祕密

> 美麗沒有祕密，而是實踐。就像我們吃東西，器官自動幫我們分解及分送到各部位，不需要任何指令，最終還是滋養了我們身體。

　　范大姊有一雙小眼睛，淡淡眉、小巧鼻子、薄嘴脣，五官各自看很普通，組合起來頗有古典美。層次短髮，身高 155 公分，85 歲，臉上沒有明顯紋路和皺紋。

　　老天爺愛她、她也愛自己，先天與後天兼具，身分證上的年齡之於她，只是數字。

　　范大姊是我認識的女性中，最勇敢、並懂得獨立。她遭老公背叛，選擇離婚，與男友生了小孩，發現男友不靠譜，毅然決然離開。

　　1940 年代，這種抉擇，我會注解為勇敢，跌倒了，優雅的爬起來，再向想望的人生邁進，與最偉大的蘇菲宗派師父之一「美夫拉那賈拉路丁魯米」所陳述的不謀而合：「我們並不是失望的旅行隊。來，即使你破壞了你的誓

言一千次，來、來、再來。」

豁然與不執著，讓大姊樣貌依舊清爽，活出精采人生。

長相，長在臉上，大姊的臉，則是心情與精神寫照，故能愈寫愈純熟，成就另一種圓滿。

范大姊的獨立與愛自己，也表現在生活方式上；享受獨處，只買有質感的衣物，精選對身體好的食物，與朋友及家人保持距離與淡淡的愛，活得舒暢、沒有負擔。

不喜歡讓情緒長疙瘩的人事物。她會說「不」，爽快直接，是愛的極致表現，給自己生機、也給別人生機，這才是真正的慈悲。猶如儒家的「中庸之道」，付出與接受取得平衡，除了年輕，身體也很健康。

她走過的崎嶇，並沒有成為一條不規則的線，衡量私我與他人，反而拉平它們，讓自己依循、也讓別人走了上來。

沈媽媽 88 歲，柳眉、丹鳳眼，眼神柔和溫暖，鼻子端莊秀氣，皮膚白皙，氣質溫柔婉約，典型的舊時代大家閨秀。

第一次見到她在日式餐廳，淡淡妝容、豆

沙色口紅，手指波浪燙的黑短髮，記不得什麼花色的旗袍，但舉手投足與穠纖合度，將旗袍的優雅與端莊完美呈現。我想起電影《花漾年華》張曼玉穿旗袍的古典美。

中午聚餐，我便裝赴約，與沈媽媽完美的妝髮與旗袍形成對比。我不好意思的對沈媽媽說：「抱歉！穿得休閒了。」也忍不住讚美她穿出韻味，髮型復古又有型。

沈媽媽羞澀的笑說：「不會、不會！這樣穿很時髦。」

朋友急忙解釋，「她平常出門就很用心打扮，聽說要與造型師用餐，還慎重挑選合適的旗袍。」朋友補充，「不只外出，在家也是每天化妝，頭髮梳理整齊，穿旗袍，數十年如一日。」

我思忖著：如果我 88 歲，還會如此用心打理外在嗎？

一個人的美，得自己看、他人看，都美才行。這非故作姿態，而是心頭有一把尺，丈量型態之美，並為神韻指出儀態，難怪沈媽媽動靜都美。我對沈媽媽肅然起敬。

美麗的人知道美麗的重要，所以擁有美

麗，不美的人認為美麗不重要，所以很難美麗。

小時候，媽媽常跟我說：「女生要愛漂亮才會漂亮。」當時的我無法理解，心想，長得不美，就算愛漂亮，怎麼可能變美？

長大後才明白，美是一種態度，就像范大姊與沈媽媽，超越皮相，展演的美麗姿態，年過 80，依舊貌美，雍容華貴。

「只有懶女人，沒有醜女人。」只有美女人，以及更美的女人。這不是比較題，在美麗的道路上，從來不是單行道。

夏波是我多年好友，精緻清秀、皮膚白淨、身材苗條，165 公分，聲音甜美，追求者眾。

第一次見到她在 12 年前朋友的餐會上，她穿合身白襯衫，搭配硬挺黑色小喇叭褲、中跟高跟鞋，氣質出眾，談吐優雅，很符合媒體人形象，之後，我們常相約見面，成為無所不談的朋友。

這幾年見她，發現她小腹凸出、身材臃腫、穿戴隨便、不修邊幅，我忍不住提醒她：愛漂亮，也是愛自己，不管任何時候，都該把

自己打理得光鮮亮麗，否則很容易讓人誤以為是阿桑。

她沒好氣的說：「反正是自己人見面，又沒有別人。」我不語，看著曾經是氣質美女的她，有點唏噓，是不願面對真實的自己，假裝看不見，還是真的無所謂？我們所看重的會增值；不重視的則會貶值。夏波如她的字音，只是沒有了「夏」，而朝「下」；地心引力本將吞噬一切，何況再被自己丟棄了……

很多專家、明星、網紅甚至部落客，分享美麗的各種方法和祕密，但美麗沒有祕密，而是實踐。就像我們吃東西，器官自動幫我們分解及分送到各部位，不需要任何指令，最後還是滋養了我們身體。

呼應媽媽的說法，愛美就會美，只是表現出不同型態的美。

女為悅己者容，多數人認為它的意思是為人裝扮，我不如是想。女人與美是知己，必須愉悅自己，才能讓人覺得美。我們都知道蒙娜麗莎，她笑了，給畫家達文西、給一代一代的畫迷，但我常常想到，蒙娜麗莎的微笑，最初是給了她自己。

拍攝花絮

Special Thanks For

攝影師：Naga Chang

彩妝師：姚純美

影片攝影：許翔禎

側拍攝影師：孟庭

造型師 & 模特兒：Judy 朱馥瑜

特別感謝：台灣發展研究院

　　　　　穢研薪藝仿生聯合農場

　　　　　台北松菸

作自己才是最好的名牌 ≈Judy 朱 的生活美學

作　　　者／ Judy 朱馥瑜
攝影團隊／一丁一口攝影工作室
彩 妝 師／姚純美
插　　　畫／陳珮甄（Ms David）
封面塗鴉設計／潘長欣恬
美術編輯／方麗卿
企畫選書人／賈俊國

總 編 輯／賈俊國
副總編輯／蘇士尹
編　　　輯／高懿萩
行銷企畫／張莉滎‧蕭羽猜‧黃欣

發 行 人／何飛鵬
法 律 顧 問／元禾法律事務所王子文律師
出　　　版／布克文化出版事業部
　　　　　　台北市中山區民生東路二段 141 號 8 樓
　　　　　　電話：(02)2500-7008　傳真：(02)2502-7676
　　　　　　Email：sbooker.service@cite.com.tw
發　　　行／英屬蓋曼群島商家庭傳媒股份有限公司城邦分公司
　　　　　　台北市中山區民生東路二段 141 號 2 樓
　　　　　　書虫客服服務專線：(02)2500-7718；2500-7719
　　　　　　24 小時傳真專線：(02)2500-1990；2500-1991
　　　　　　劃撥帳號：19863813；戶名：書虫股份有限公司
　　　　　　讀者服務信箱：service@readingclub.com.tw
香港發行所／城邦（香港）出版集團有限公司
　　　　　　香港灣仔駱克道 193 號東超商業中心 1 樓
　　　　　　電話：+852-2508-6231　　傳真：+852-2578-9337
　　　　　　Email：hkcite@biznetvigator.com
馬新發行所／城邦（馬新）出版集團 Cité (M) Sdn. Bhd.
　　　　　　41, Jalan Radin Anum, Bandar Baru Sri Petaling,
　　　　　　57000 Kuala Lumpur, Malaysia
　　　　　　電話：+603- 9057-8822　　傳真：+603- 9057-6622
　　　　　　Email：cite@cite.com.my
印　　　刷／卡樂彩色製版印刷有限公司
初　　　版／ 2022 年 1 月
定　　　價／ 420 元
ISBN 978-986-0796-87-2
EISBN 978-986-0796-88-9 (EPUB)

城邦讀書花園
www.cite.com.tw
布克文化